熟女壯遊2

樂遊國際
開創第三人生

周語芳著

目錄 Contents

壯遊 Chapter 4

壯遊 Chapter 5

壯遊 Chapter 6

推薦序：勇闖世界的女中豪傑

　　認識胡姐真的是因緣際會。我們同樣被邀請參加李四端節目的「大雲時堂」，暢談退休之後的人生，那時候我剛出版了《享受吧！50後的第三人生》這本書，而她也出版了第一本《熟女壯遊 勇闖世界 18 國～改變思維的環球之旅》。在節目中我聽到她在 60 歲送給自己的生日禮物，竟然就是勇闖世界 18 國，實在令我十分敬佩，也很好奇她的起心動念以及旅程規劃，在這本書中完全解答了。

　　後來我們有機會約了喝咖啡，她很好奇問我第三人生的種種嘗試和想法，當下我更感受到她渴望學習成長以及一顆驛動的心。我可以確認的是她已經啟動了成長的引擎，再也回不去了。她改變了人生思維，極力跳脫自己的舒適圈，用活到老學到老的精神持續生命之旅，這樣的動力將會在她的生命歷程中不斷的實踐下去。

　　第三人生本來就是人生第二個黃金期，完成了養育子女的任務，完成了別人的期待，正是好好做自己的時刻。第三人生我們雖然離開了職場，但體力、財富、智慧都儲存得剛剛好，此時不完成我們人生的夢想，又待何時呢？我看到的胡姐就是這樣一位勇於實踐夢想，把第三人生活出樣貌的女中豪傑。

　　她勇闖世界的勇氣，獨自面對旅行中所有的不確定性都一一克服，她的行動可以鼓勵很多人，原來只要自己願意，都可以像胡姐一樣走出去。生命回饋給我們的，往往比我們的預期還要多，年齡從來不是問題，意願才是。

　　這本書胡姐將旅遊過的每個國家所經歷的趣聞、挑戰、行程以及應該注意的事項都無私的分享給大家，尤其 Q&A 的方式更是直搗重點，讓很多卻步擔心的讀者得到了撫慰的解答，必須說這是一本準備勇闖世界的勇氣書。

　　現在她透過寫書、演講分享、擔任志工，不斷的改變自己，進化自己，全然的去嘗試自己從未嘗試過的旅行和生活模式，我相信未來的她無論幾歲，都可以將自己活出一種令人欽佩和尊敬的面貌。

影響力學院創辦人／作家／新創導師
丁菱娟

推薦序：勇於實踐夢想的國醫人

　　語芳是我國防醫學院護理系學妹，在閱讀了 2017 年 7 月國防醫學院校友會源遠季刊，有篇文章刊載她對所出版新書《熟女壯遊 勇闖 18 國～改變思維的環球之旅》的簡介，為送自己人生走過一甲子的慶生禮物，安排了壯遊，對她的勇氣與智慧，留下了深刻的印象。

　　去年（2019 年）我接任校友總會會長後，在主持源遠季刊編輯委員會議時，會邀請當季文章的作者們來參加，以便瞭解所寫內容的真義，這樣有助於刊物文章更受歡迎。語芳參加了 69 期會議，敘述「神祕的非洲跨年之旅」這篇文章是在農曆春節，放棄了煮年夜飯，暫時放下傳統家庭主婦身分，前往非洲旅行了 32 天 6 國的情景及意義，當日並提供對刊物的建議，讓我又對她多了一份認識，知道她是個敢言直率，勇敢做自己的學妹。

　　今年 7 月當我在榮光雙周刊閱讀到語芳為父親紀錄整理的〈軍醫生涯豐富精采〉，敘述了胡善民先生 22 年的軍醫生涯雖顛沛流離，卻也精采豐富。尤其提到民國 32 年進入貴州軍政部戰時衛生人員訓練所，接受軍醫訓練，此點正好與去年 11 月我們辦理國防醫學院世界校友會時，三剛曾率同海內外校友訪問團近百人，到貴陽圖雲關作尋根之旅，了解該訓練所的歷史史蹟，緬懷林可勝院長於抗日戰爭時，在此地訓練軍醫與治療傷患的情形，與國防醫學院的歷史相吻合。遂邀請轉載於源遠季刊中，並增添文字及照片說明。同時我對語芳家族三代相傳醫療志業也有所認識，善民先生很高興校刊能轉載他的生平事蹟，我也從中看見不同的孝親方式。

　　語芳再次出版新書，敘述從英國出發，經過德國旅行有很多的初體驗，再到南美洲破冰之旅，乃至運用醫護專業的非洲公益之旅，一再顯示語芳有著學習精神及突破困境的能力，並勇於實踐夢想。在此我相信有緣閱讀本書的讀者，會如同我一樣，跟著作者的腳步，驚奇連連，從中有所收穫。

國防醫學院校友總會會長／前台中榮民總醫院院長／
前童綜合醫院院長
李三剛

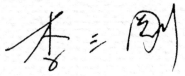

推薦序：一個旅遊記者心中，正港的花甲旅行家

認識語芳姐是在 2018 年的夏天，採訪了她的故事，讓我更加確信一件事：不要小看所有的媽媽。無論菜市場吆喝的大嬸，或是三頭六臂吼小孩吼老公的職業婦女，媽媽們擁有最溫柔強壯的力量。當媽媽終於可以做自己呢？

語芳姐 60 歲時，用 96 天、跨越 18 國、獨自一人的自助旅行，慶祝走過人生一甲子。之所以上路，其實是重新認識自己。當時退休的她，遍尋生活目標。「那時覺得家庭不需要我、國家不需要我、社會不需要我。」她說。

娘家一向重視節慶，每年她都期待過生日，但連續幾年，得提醒先生跟子女，還要自己訂餐廳。59 歲的生日她終於頓悟，為什麼要痴痴等待別人為自己過生日？決定送給自己一趟環球之旅，當 60 歲的生日禮物。

接下來的事情，完全讓我豎起大拇指。語芳姐第一次上西班牙文課，課堂上同學的年紀可以做她兒子女兒；第一次跳一支探戈，住青年旅館；第一次以拿手菜和外國朋友交流，獲得外國朋友大力讚賞……。

然後距離我們認識不過兩年時光，語芳姐竟走得更遠，足跡來到非洲、埃及，還當了國際志工。沒有什麼限制得住她的行動力，她證明，只要踏出一步先出發，全世界會幫你完成願望。而你，遠比你自己想像的還要勇敢強壯。

語芳姐不只是旅行，更在旅途中學習，調整想法。第一次壯遊，她因與國外友人聊天，發現多數國外子女長大後離家、獨立成長，進而對於兒子媳婦不與她同住一事，完全釋懷。之後，她又再次「進化」。在農曆春節前往非洲、埃及，棄煮年夜飯，發現少了媽媽在場，祭祖和年夜飯並沒有因此停止。她真正放下，不再拘泥於任何形式的節慶聚會。所有因結婚、生子感到失去一部分自己的女性，極力推薦你看這本書，獲得滿滿能量。

「人的一生都要進行一次壯遊。」這句話我聽過太多遍，但語芳姐口中說出，再有說服力不過。她是我心中貨真價實的旅行家。

商業周刊 alive 資深記者
柯曉翔

自序 Preface

關於我的第三人生

　　你有幾個人生？其實你的人生可以很精彩，不被年齡層拘泥，也不會只有一個兩個「階段」。只要有心，人生可以不斷有新的「開始」，以及全新的豐富。

　　我的人生，就很精彩，並且還在持續的用生命寫下新的傳奇。

● 我的第一人生

　　在懵懵懂懂中被父母安排就讀嘉義市私立初中，那是天主教學校，必須住校，每每週六高興回家，到週日坐在公車回校時，總是偷偷擦眼淚，13歲的我，認為應該要和父母一起幸福生活，我卻要離家住校。

　　終於考上女中，以為上高中可以通勤，才知公車到我家竹崎灣橋站時，一早沿路已載滿學生及客人，司機經常過站而不停，我因此常常會上課遲到，高中後2年我只好租房子住在市中心。

　　後來考上軍校，一方面我是軍人子弟，想繼承父親衣缽，一方面我考慮父親辛苦地教養4個孩子，假日還得兼做另一份工作，為

減輕父親經濟壓力，選讀軍校護理系。3個月入伍的魔鬼訓練，讓我很想放棄就讀，但已無退路可走，只好硬著頭皮接受。

4年嚴謹的軍校生活也須住校，來到台北，人生地不熟，周末無處可去，最高興的是以軍校生身分去西門町觀賞免費電影，平日只能寄託讀書，此時讀的書籍皆是專業醫學護理，功課算名列前茅，最後一年擔任學生長，因行政業務繁瑣，學業嚴重退步，所幸安全畢業。

● 我的第二人生

畢業後抽籤分發到花蓮陸軍醫院，當時北迴鐵路還沒蓋好，為快速來回台北和節省交通費，我只能搭乘無坐椅的空軍貨機，當時稱為老母機，自負安全責任。

我的首份工作是手術室護理官，舉凡闌尾炎、骨折、生孩子剖腹產、開心臟及割包皮等手術，我都要協助醫生，後來調到外科病房，負責手術後護理。

有機會回台北至內科病房，擔任糖尿病、中風、痛風等慢性病療養照護，最後調到精神科病房擔任護理長，工作壓力變大，精神科軍人或軍眷病患有精神分裂症、躁鬱症、幻想症等須吃藥、電療或娛樂治療，還要預防病患偷藏藥、防逃跑及防攻擊。

退伍後至私立護專擔任老師，作育不少南丁格爾，此時我已結婚，為安定生活，經過考試轉任公務員，擔任不是我原來的專業的台北市大同區衛生所稽查員，餐廳、旅館、電影院、游泳池衛生都是我工作範圍，接著生兒育女，後轉調衛生局，負責食品安全，為增強專業能力，利用假日就讀食品科學碩士班，黑心食品爆發層出不窮，我每每工作疲憊到晚上9、10點才回家。

2012年不願再過沒有生活品質的生活，在可退休的情況下，毅然決然申請退休。

● 我的第三人生

剛退休時，曾嘗試尋找各種興趣，如學習彈鋼琴、唱歌，在台北市美術館及中研院生態池當志工，終究因缺乏音感及藝術細胞，也記不住植物名稱而放棄。

剛好女兒要去英國讀書，勾起我想學英文的衝動。於是有 3 個月在英學習語文，為驗收，我就獨自前往德國 10 天的自助旅行，加上中歐 7 天 6 國跟團半自助旅行，奠定我英文能力及自助旅行的基礎。

回國後對自助旅行充滿興趣，至社區大學習知識及技能，2 年後 2014 年又踏上南美洲 70 天 5 國之旅，這地區有別於英語的國家，西文是主要生活語言，對我而言生活是舉步維艱，靠著學習簡單的西班牙文度日，算破冰冒險之旅。

2016 年兒子結婚了，但兒媳並不想與父母同住，此時帶著落寞的心情出國，也為我走過人生一甲子 60 歲慶生而環遊世界 96 天 18 國，因壯遊而衝撞出的第三人生，不是我預料中的結果，但從此展開不同以往的新生活。

近 3 年來的生活，除繼續旅行，要達成環遊世界 100 國的夢想外，就是寫作、演講分享經驗、擔任國際志工義診及 Servas Taiwan 幹部做公益，在國外入住外國家庭，在台灣接待外國會員，並將倍受歡迎的廚藝，運用於異國料理文化交流及國民外交。進而將推廣樂齡孝親餐，做為人生下一個規劃的目標，以一步一腳印的精神，正持續實現夢想中。

感恩及分享，用生命探究旅行的意義

因壯遊 18 國，偶有機緣出書《熟女壯遊 勇闖世界 18 國~改變思維的環球之旅》，全台走透透，分享 60 歲自助旅行的經驗，獲得報章雜誌、電視、廣播及網路等媒體廣泛報導，還有粉絲朋友們的愛護，希望深入了解我的行程安排，也接獲各機關、團體、學校及相關公會協會邀約演講分享，綜觀不是我比年輕人有能力環遊世界，而是以我的年齡有勇氣壯遊及願意改變過去生活的框架及思維。

每次接受媒體訪問或演講分享會，總是時間很短暫，遺憾無法將所見所聞傾囊相授，所以再次出書分享前往歐洲、南美洲、非洲、大洋洲及亞洲的所見的景點、文化古蹟及美食，內容偏向敘述對我人生改變的特別事蹟及人文接觸，串聯整個退休後的旅行經驗及成長。

另退休前的生活忙於結婚生子及工作，沒有培養自己的興趣，在壯遊後，思維改變，也找到興趣，開啟樂活的第三人生。

●「旅行」對我的意義

年輕時的我並不知道「旅行」對我的意義，現在憶起，對我而言每個階段都有它不同的意義。當我工作時，是負責食安，要去解

決黑心食品爆發問題，所以能休假時，在國內就算我在東部花蓮或南部高雄，主管總會來電催我處理事情或要我回來上班，所以我就喜歡選擇國外跟團旅行，當時旅行是為了「紓解壓力」，逃離繁重的工作。

誠如社區大學張瓊齡老師於 2012 年在我前往英國前夕，勉勵我的話：

「出走，為了讓自己的天空更寬闊，也為呼吸更自由的空氣，同時也讓自己與家人看見更富有，更具價值的生命樣態。」在英國生活 5 個月重獲婚後自由的生活及德國獨行初體驗，加強了我英文能力和有了自助旅行的興趣，這段日子，有時間思考人生的下一步，不想退休後國家社會及家庭不需要我，庸庸碌碌過一生，想要發展出與過往不同新人生的想法，開始萌芽。

2016 年我想著人生已走過一甲子，我的原生家庭很重視慶生，我的婆家則說生日是母難日，所以多年來我常為過生日而煩心。當時只是單純的想為自己「慶生」而計畫環遊世界 96 天 18 國，並不知道壯遊的意義，回來後才知原來壯遊是歐洲年輕人高中畢業，不知自己要升學或工作，用克難的方式去旅行，跨越不同種族、文化及語言，接觸當地生活文化，找到未來的人生方向。

事實上我的「壯遊」結果帶給我不只慶生而已，我的收穫除了拓展世界視野、吃遍美食及看遍美景外，重要的是我的思維改變，放手讓孩子獨立，找到興趣及我的夢想—環遊世界。

在 2019 年農曆春節更「放下」多年媳婦枷鎖，暫時脫離妻子、媽媽、甚至初次有了 4 個月大孫子的阿嬤角色，毅然拋下一切，去非洲旅行，回國後體悟家庭不會因你沒做年夜飯，工作單位不會因你退休而停止運轉，因此化小愛為大愛，轉念接任非營利國際組織 Servas Taiwan 秘書長，招募近百位熱心及有意願進行異國文化交流的志工朋友，發展壯大組織。

爾後有機會代表組織參加在蒙古舉行的東亞會議，初次用全英語簡報，主動爭取 2022 年在台灣舉辦的機會，順利完成任務。2020 年春節初四跟隨台灣路竹會醫療團前往非洲索馬利蘭義診，順道前往衣索比亞入住家庭，做文化交流。我的思維不斷改變，已從井底之蛙蛻變，朝向有興趣的人文交流的旅行、寫作、經驗分享及烹飪，自信的走向第三人生

　　當然每個朋友旅行的意義可能和我不一樣，也許是為了與家人朋友聯繫感情、結交新朋友或找尋創意、宗教朝聖、探索世界等等。這代表社會是多元的，一樣米養百樣人，當然旅行的意義會有差異，只要旅行帶給你是幸福、快樂、自在或有啟發，就有它存在的意義！

　　在本書，我所分享的壯遊旅行，分成五大主題：

● 歐洲啟蒙學習之旅

　　2012 年退休時，正巧女兒準備去英國就讀研究所，我們一起前往，但女兒想獨立，不想和媽媽同住，我就住在英國里茲語文學校分配的住宿家庭。Host 家是聯合國，而且都是年輕人，有讀大學、研究所或畢業來進修英文的日本人、法國人、西班牙人、義大利人，剛開始在餐桌上聊天，我一句英文都聽不懂，只能傻笑，期間我有跟女兒或同學去小旅行，結束課業後我計畫獨自去德國旅行，這階段的旅行對我來說是英文能力和自助旅行技能的學習之旅。

● 南美洲破冰大冒險

　　2014 年的南美破冰大冒險，是因參加社區大學「環遊世界超簡單」課程，期末考試規定要上台報告學生規劃的自助旅行行程，我計畫旅行 4 國（阿根廷、智利、祕魯及巴西），結果旅行了 5 國，多了烏拉圭 1 國，這趟旅行是我開始鼓起勇氣，實踐計畫的冒險之旅。

● 農曆春節南印度洋四島國郵輪之旅

2019 年 1 月農曆春節前，我參加了南印度洋四島國豪華郵輪之旅（馬達加斯加、模里西斯、法屬留尼旺、塞席爾是印度洋上四大明珠），見識了島國獨特植物、動物及海域美景，是能深入認識生態及放鬆度假的好地方。

● 非洲文化交流之旅

結束郵輪之旅，2019 年 2 月春節，我繼續前往嚮往多時的神祕非洲肯亞及埃及旅行，先入住肯亞奈洛比的 Servas Host 家庭，了解其生活及飲食，並至旅居埃及開羅的高中學姐家中，學習做埃及宴客菜，還有參觀了世界遺產金字塔及神廟等古文明。

2020 年 2 月在索馬利蘭義診結束，即脫隊前往衣索比亞，也入住首都阿迪斯阿貝巴的 Servas Host 家庭，進行異國文化交流，並見識了北部拉利貝拉鬼斧神工的世界遺產 11 個岩石教堂群。

● 公益旅行

2019 年 7 月代表台灣參加在蒙古舉辦的 Servas 東亞會議，初次在國外以英語簡報演講介紹台灣，爭取到 2022 年台灣主辦權，對我而言是全新的挑戰，也更了解該國的歷史文化及食物特色。

大學時我主修護理，曾在醫院服務，2019 年 11 月開始自掏腰包，食住及機票自費，跟隨台灣路竹會前往帛琉義診，初次體驗義診擔任國際志工，也了解該國生態環保的努力。

2020 年 1 月 28 日春節農曆初四又跟隨醫療團前往 1991 年由非洲索馬利亞獨立出來的「索馬利蘭」義診 10 天，前來看診病患近 3,000 人次，雖然團員們自行出錢出力，很辛苦工作，但是能幫助當地人，做國民外交，32 位團員都很幸福快樂。

這三趟旅行是有工作任務，擔任志工做公益，空閒時，順便旅行，了解當地文化，算是公益旅行。

壯遊 Chapter 1

歐洲
啟蒙學習之旅

故事從聯合國住宿家庭開始

我的英倫夢：從聯合國住宿家庭開始

退休後的生活，每天睡到自然醒，尋尋覓覓，不知如何自處。女兒要去英國攻讀碩士而有此機緣，相隨前往英國第 3 大城里茲，想獨立的女兒有一要求，母女住所不同處。

只是第 1 天剛到住宿家庭，就被眾多的外國人嚇到，原來是女主人收了國際學生 4 人，有法國研究生、西班牙醫科大學生、日本大學畢業生及義大利上班族，宛如聯合國，當時在晚餐餐桌上，我的破英文讓我完全聽不懂也不知所云，只能傻笑，向陪我來的女兒求救！

女主人 Judith 體力充沛，很健談，講話速度很快，剛開始我都聽不懂，她會重複或放慢講簡單一點，在她家 3 個月後，能慢慢適應，融入聯合國的家庭，英文也進步神速。

初次在國外展廚藝

女主人會安排週末活動，如大家動手做披薩或 BBQ 烤肉，有 1 次聊天，我拿出在台灣每晚晚餐煮 6 道菜的照片給女主人看，她則希望我哪一天也能煮 6 道菜，讓大家分享，請我開菜單，她會買食材，就約週五晚餐，順便歡送完成學業的 2 位國際學生。

我開的英文菜單，其實都是家常菜：咖哩雞、糖醋豬肉、紅燒豆腐、乾煎魚、炒菠菜及蔥花蛋，我也買冷凍芝麻包，請大家吃飯後甜點。

　　前1天買了食材，當日 5:00 時，我開始準備晚餐時，才被告知有 17 人要吃飯，我大驚！她回應經大肆宣傳有台灣菜可吃，小孩的朋友及她的朋友都要來，只好緊急電話連絡女兒來幫忙，菜量加大，增加菜色，預計晚上 7:00 吃飯，遲到 8:00 才開桌，大家吃得津津有味，頻頻讚美，說 So delicious（很美味）。

　　這是我初次在國外展廚藝，也是第 1 次做 17 人桌宴，也做了一次成功的國民外交。

● 做夢都在講英文

　　如果說住宿家庭是小聯合國，那我的語文學校就是大聯合國，有來自義大利、西班牙、法國、韓國、阿拉伯、利比亞、日本、泰國、捷克等國學生，還有 1 位台灣人。我除了與女兒通電話用國語外，與其他同學、老師、住宿家庭成員及路人、司機及店員只能以英文溝通，所以無論上課、問路、買東西、搭公車、參觀博物館、玩牌等，接觸英文比女兒還多。躺在床上，滿腦子想的都是英文，我甚至連做夢都是在講英文，全英文的環境，英文不好才怪！

　　像我這樣已退休的人，來國外求學，只是希望愉快簡單學習，

而不是像年輕人要求答到高深英文水準，所以我學英文無壓力，希望從生活及娛樂中學習，當然我也盡量參加學校辦的活動及旅遊，也鼓勵女兒參加我學校假日活動，反而接觸外國人比較多，來英國不要還是局限於台灣人及中國大陸人的小圈圈，這樣英語能力才能與日俱增。

　　某天語文學校的老師問大家的興趣，當時我開始寫部落格，我隨口回答：Writing，沒想到我現在從事寫作，冥冥中上天自有安排。

● 上課內容與百樣班友

　　每週上課 15 小時，每天 3 小時，課程分二階段，2 位老師還有教文法，大部分時間，都是將 2 至 4 位同學分成一組，互相討論及交談，每位同學課程期程不一，大部分同學是利用上班休假時間來 2、3 週或 1、2 月學習，假日則四處遊玩。少數像我是學 3 個月，2 位泰國女同學則是作伴要學習 6 個月，已待 2 個月，進步有限，因為下課後，還是用泰文溝通，所以我選擇獨自來英學習，是最佳的方法。台灣的父母有機會還是讓孩子來國外進修語文，獨自入住外國家庭生活，但不建議參加遊學團。

　　以下是我比較印象深刻的異國同學：

　　第 1 位同學是 35 歲的韓國女孩 J，她妹妹在里茲大學攻讀博士班，準備來學半年英語，喜歡旅行，會空手道，高空彈跳都不怕的她，外表嚴肅，內心其實是細膩柔弱。當我說多年前我先生曾出差來英國，曾買過 Walker 餅乾，全家都很懷念美好滋味的故事時，她很貼心的買來送我。有回她在課堂上被老師及同學恥笑發音不正確，於課後哭了（其實老師當時有意識到說錯話，在課堂上頻向她說對不起），我安慰她，我在課堂及住宿家庭也常被糾正發音，很多事不要太在意，晚上才會好睡。

　　第 2 位是科威特 28 歲男孩 A，家中很富有，是會為參加宴會（Party）而奢侈買新車的人，英語程度其實不差，但很懶得學習英文。有次在教室坐我旁邊，我們同組討論，他 5 題全答對，我讚美鼓勵他，

從此叫我「媽媽」，幾位年輕的同學聽了也跟著叫我「媽媽」，在學校我有好幾位兒子和女兒。

第 3 位是 24 歲日本男孩 K，也是我室友，剛大學畢業，是大學足球校隊，曾到西班牙 3 個月踢足球，選擇來英國學英文 5 個月，是因英國足球盛行，希望有機會來踢球。假日我說要到女兒住處煮飯，他要求隨我去吃飯並希望我煮青椒牛肉及麻婆豆腐，結束課業後，我居然在倫敦大英博物館巧遇他，我們一起過元旦新年。

K 曾問我已退休，上完英文課回台灣要做甚麼？我當時覺得英國住宿家庭很有趣，回他可以當收費的 Host，沒想到後來加入 Servas 組織，我現在免費接待外國人入住家庭，也算是做公益的交流。

在這段進修期間，在英國啟動學習之旅。

英國 United Kingdom

　　曾號稱為「日不落國」，無論是在文化、經濟、科技領域，英國不僅是歐洲歷史上影響力深遠的國家，也是至今仍被列為世界前 10 大動見觀瞻的先進工業大國。

　　對國人來說，英國古今兩大作家：莎士比亞和 J.K 羅琳，他們的作品已是深入我們的日常生活。然而這個強國，其實面積不大，只有約 24.36 萬平方公里，人口則約 6,667 萬。英國位在歐洲西北，在東方與南方，隔著英吉利海峽與歐陸相望，首都則是舉世聞名的倫敦（London）。

🎖 故事分享：在里茲歌劇院上演爭吵戲碼

　　女兒和我看到里茲歌劇院正上演《孤雛淚》（Oliver Twist!），因週六適逢最後 1 天檔期，所以週五我就趕快去現場買票，工作人員說票幾乎賣光，週六下午 2:30 只剩前區，價錢是 48 英鎊，另外晚上 7:30 第 2 層右側包廂前區，票價只要 25 英鎊，我當時覺得便宜就購票。

　　先前我與女兒同學的媽媽去看《歌劇魅影》，是在週四下午便宜時段，坐在前中排，要 39.5 英磅，現在為省錢，只好買便宜的樓上包廂票。

　　我與女兒盛裝到現場，女兒是第一次去里茲歌劇院，很興奮，但驚訝歌劇院規模很小又老舊，是有歷史的建築，走入舞台右側 3 樓包廂，開 1 個小門，裡面有 4 個座位，已有一對男女坐前排，我們座位是後排，雖然是樓上第 2 層包廂，很近舞台，但坐上後，居然被包廂牆擋住，看不到舞台右邊的演出，我們調整位置，時站時坐，還是

看不見，我忍耐了 20 分鐘，終於奪門而出，跑去找工作人員理論。

廳外坐著 1 對男女工作人員，我向他們說明，工作人員看了我的票說是便宜票，所以視野有差，此時我很生氣，便宜票也不能看不見！要求換較遠，但看得見舞台位置，他們說已沒座位了，此時我氣急敗壞地用簡單的破英文，連說帶動作，利用旁邊牆壁當道具向他們理論，並說我們可以一起去包廂確認。

後來他們用電話聯絡，來了 1 位中年女性工作人員（應該是主管），我說買票時並沒告訴我會看不見右側舞台表演，又比劃了一遍，接著他們嘰嘰咕咕商量，我聽不太懂，又來了 1 位年輕小姐，此時男性工作人員與我一起到包廂找女兒，我叫女兒收拾行囊離開包廂，我也不太清楚他們處理方式，年輕小姐帶著我們沿路下了好幾層樓，到了 1 樓前區排，請我們入坐，坐定後，我才意識到這應該是前排 VIP 保留座，由於我的據理力爭，幫我換了最好的位子。

這就是民主國家英國最可愛的地方，也是以客為尊的里茲歌劇院，圓滿處理消費爭議的方式。

🏵 重要景點

● 里茲（Leeds）

英格蘭西約克郡的大城市，有 78 萬人口，是英國第 3 大城市（次於倫敦和伯明罕），以及英國第 2 大金融中心和法律中心。

市政廳、博物館、圖書館及市場建築充滿藝術文化氣息，里茲有四所大學，全市的學生人口超過了 25 萬，是大學城。

● 市政廳

● 里茲超市

※ 里茲大學

里茲大學位於英國里茲，為英格蘭西約克郡的公立研究型大學。它建立於 1904 年，前身是約克郡科學學院（Yorkshire College of Science）

在 2019 年排名歐洲第 13 位和世界百大第 93 位。該大學的主體部分皆建於 19 世紀下半期，校園混合了哥德復興式建築、裝飾藝術建築、粗野主義建築和後現代建築。

● 利物浦（Liverpool）

來英國生活後，和女兒第 1 個週末去小旅行的是利物浦，這是英格蘭西北部著名港口城市，英國第 4 大城市，利物浦為「世界流行樂之都」，披頭四、比利・弗里、格里和帶頭人及其他許多樂團都是在此發跡的，是披頭四的故鄉，在 20 世紀 60 年代，利物浦成為青年文化的中心。

※ 披頭四故事館（The Beatles Story）

披頭四故事館位在阿爾伯特碼頭，是講述披頭四故事的世界最大的永久展覽館，展出內容包含他們早年在小酒館駐唱的故事、使用的樂器以及服裝等。

● 利物浦大教堂

※ 利物浦大教堂

從 1904 年開始建造，共花了 70 多年才完成，過程歷經了兩次世界大戰，建築師是賈爾斯·吉爾伯特·史考特（Sir Giles Gilbert Scott），英國的知名紅色電話亭也是由他打造，可惜他未能在有生之年看到他的教堂興建完成。這是歐洲第 5 大的教堂。

※ 阿爾伯特碼頭

建於西元 1839 年，二戰期間，碼頭遭德軍嚴重破壞，現在的碼頭於 1988 年重建完成，融合了新舊建築。如今為旅遊勝地，許多餐廳、博物館、小酒館、旅館進駐。

由於是世界海上貿易發展重要的歷史景區，因而利物浦列入世界遺產（UNESCO）。

● 史特拉福莎士比亞故居

參加女兒的里茲大學舉辦的莎士比亞故居（Shakespeare）1 日遊，故居位於雅芳河上的「史特拉福」（Strafford Up Avon），有 3 個主要景點：

※ 莎士比亞出生地

　　穿過花園，見到房子裡面是仿 16 世紀佈置客廳（有鮮艷掛毯及壁畫）及飯廳（餐桌餐具很精緻），還有臥室（莎士比亞出生房間，有搖籃嬰兒床），只有石質地板是當時原物。

※ Nash`s House &New Place

　　莎士比亞剛去倫敦時是演員，後來才成為有名劇作家，晚年回故鄉，買了房子給孫女及她丈夫 Nash，這裡也是他最後住所。

　　莎士比亞死於 1616 年，享年 52 歲。他 18 歲娶了大她 7 歲的 Anne，有 2 個小孩。這裡擺設他的照片及孫女孫女婿居家生活等，花園有很多雕像。

※ Hall`s Croft

　　莎士比亞女兒與丈夫 Hall 醫生的診所及住處，很時髦又比較現代感，是有錢醫生房子，也有很大的花園，供應免費下午茶－奶油草莓點心及柳橙汁。

● 史特拉福雅芳河

● 史特拉福街景

● 湖區（Lake District）

　　英國湖區是國家公園，有許多大小湖泊。

　　在柯尼斯頓湖（Conison Water）沿路看到森林溪流及羊群草坪，湖畔很多會飛的水鴨，遠看山林很優美又寧靜，彷彿到了世外桃源。隨後搭車前往溫達米亞湖（Windermere Lake），搭船繞湖 1 圈，湖上風景也很美，湖天一色，湖上很多水鳥飛來飛去。

　　這是很繁榮的湖鎮，很多觀光客，很多商店及餐廳，但是週日下午 5:00 就打烊。

● 湖區

　　這裡主要景點是參觀彼得兔（Peter Rabbit）童話作者－碧翠絲‧波特世界館，非常寫實可愛，女兒也愛不釋手，買了小隻彼得兔，我也買 1 個，準備送住宿家庭 13 歲小女孩當禮物。

● 愛丁堡（Edinburgh）

● 林芊妤提供

　　擁有古都獨特的優雅氣質，被譽為歐洲最美的城市之一，同時也是哈利波特的作者 J.K 羅琳的定居地。

　　羅琳經常光顧學生常來的大象咖啡館寫作，終於有哈利波特故事誕生。街上還有穿著格子裙的風笛手在演奏。

※ 愛丁堡城堡

　　它是蘇格蘭的精神象徵，聳立在死火山岩頂上，居高俯視愛丁堡市區。

　　愛丁堡城堡沿坡旋繞而上，共有 10 幾個參觀點，較重要的包括聖瑪格麗特禮拜堂（St. Margaret's Chapel），12 世紀建造，據說是愛丁堡現存最古老的建築，而城堡內的軍事監獄，曾囚禁拿破崙的軍隊。據了解每年夏季，愛丁堡都會舉辦世界最大型的藝術節，城堡有軍隊表演分列式，城裡的街道變得非常熱鬧。

※ 亞瑟王寶座（Arthur's Seat）

　　在愛丁堡爬山，狀如獅子的死火山，山頂被稱為亞瑟王寶座，沿路經過湖泊，看到很多天鵝。

● 愛丁堡城堡 (陳秀嬌提供)

● 林芊妤提供

山頂濕滑，又有很多岩石，很險峻，沿路年輕人來加油打氣，來回 2 小時，好不容易終於攻上山頂。

● 巴斯（Baths）

羅馬浴池（Roman Baths），它是西元 1 世紀羅馬人入侵英國，在此建浴池及神廟，聽說溫泉能治百病，所以貴族、僕人等皆爭相前來，當時不僅是澡堂，也是社交場所，除參觀大浴池外，還有內部排水系統及加熱室、浸泡池及神廟等，想想 2 千多年前的大工程，很不容易，最後還提供溫泉水，由遊客飲用，我也不免俗喝了幾口，希望消除疲勞，百病不侵。

● 劍橋（Cambridge）

劍橋舊時又譯名為「康橋」，創立於 1209 年的劍橋大學，是英語世界中歷史第二悠久的的大學（次於牛津大學）。我想大部分華人是因徐志摩的 1 首詩〈再別康橋〉以及劍橋一直孕育不少優秀學子而仰慕而來。

劍橋大學採學院制，所以學院林立，與台灣不同，是分工又獨立，有國王學院、皇后學院、彼得學院、三一學院等，有些參觀要收費，有些免費，當然我選不收費參觀三一學院，它是牛頓就讀的學院。

● 三一學院

● 數學橋

※ 康河撐篙（Cam River Punting）

　　康河是英格蘭東部大烏茲河的 1 條支流，它穿過大多數學院的牆下。船夫以 1 根長桿控制沒有龍骨長方形平底船的前進，看起來不困難，一艘船最多坐 12 人，來回 45 分鐘，沿路英文導覽解説康河及沿河大學和橋名美景及歷史。除經過皇后學院、國王學院、克萊爾學院、三一學院及聖約翰學院外，還有許多橋，如數學橋、三環洞橋及嘆息橋等，數學橋 1749 年由詹姆斯・艾塞克斯興建，在 1866 年和 1905 年重建，木條的排列形成 1 個弧形，再用橫向木條，形成 1 個個三角狀的結構把橋固定，據説原來建造沒用 1 根釘子，後來卻證實不是。

● 倫敦（London）

　　倫敦（London）是英國首都，也是英國最大都市，倫敦人口約 900 萬，位於泰晤士河流域，在政治、經濟、文化、教育、科技、金融、商業、體育、傳媒、時尚等各方面影響著全世界，倫敦地鐵是全球最古老的地下鐵路網絡，所以有些路線沒有電梯。著名景點包括白金漢宮、西敏寺、倫敦眼、倫敦塔橋、大英博物館及格林威治皇家天文台等。

※ 大英博物館（British Museum）

大英博物館是 1 座位於英國倫敦的綜合博物館，也是世界上規模最大、最著名的博物館之一，成立於 1753 年，1959 年對外開放入館，目前博物館擁有藏品 800 多萬件。

分為 10 個研究和專業館：古埃及和蘇丹館、希臘和羅馬館、亞洲館及非洲、大洋洲和美洲館，不列顛、歐洲和史前時期館、中東館、版畫和素描館、硬幣和紀念幣館、保護和科學研究館及圖書和檔案館。全館提供免費參觀，博物館吸引了大批來自各國各個年齡段和所有社會階層的觀眾。

● 倫敦塔橋

※ 格林威治皇家天文台（Royal Observatory Greenwich）

　　格林威治公園俯瞰著倫敦泰晤士河的 1 座小山上，爬上山頂是格林威治天文台，英國國王查理二世於 1675 年在倫敦格林威治建造的 1 個綜合性天文台，是標準時間（Greenwich Mean Time）及本初子午線通過的所在，一到天文台園區時看到門外有個時鐘，寫著本初子午線所在時間，很多人在園區內排隊，腳踩著地上子午線。現在這個建築物是英國國家航海博物館的一部分，是收藏天文和航海工具的博物館。

● 陳秀嬌提供

✿ 主題之旅 1：哈伍德宮的寶藏與下午茶

　　女兒同學的媽媽從台灣來渡假，週日約好一起去哈伍德宮（Farewood House），位於約克郡（Yorkshire），是貴族近 200 年的住所，現任伊莉莎白女皇的姑媽瑪莉公主於 1922 年嫁給亨利伯爵，1929 年住進該房子，房內擺設是皇親貴族的家，應有盡有，收集瑪莉的扇子（羽毛扇及貝殼扇等）衣服及書籍等，有 1 位日本同學還發現 1 本日本書，很特別的是臥室牆壁全是中國畫的圖案，如山水人物，整間臥室都是畫，可見他們也喜歡中國風情。

　　園區後花園非常大而美麗，有湖泊，有水鳥及雉雞，還有企鵝。剛好當日是福斯德製汽車在前院展示，有很多各式各樣骨董車或新車，車子偏小，很多都是台灣沒有的車款。

　　第 1 次吃到英國有名炸魚和薯條（Fried Fish &Chips），吃得很滿足。後來又坐車至哈羅蓋特（Harrogate, 北約克郡城鎮）有名下午茶餐廳（Betty cafe tea），一面聊天，一面喝茶（紅茶加牛奶）吃點心，享受悠閒的第 1 次英國下午茶時光。

❂ 主題之旅 2：千禧之輪與海外跨年

● 除夕煙火

　　施放煙火的泰晤士河及英國航空倫敦眼（The British Airways London Eye），又稱為千禧之輪，是世界上首座，也曾經是世界最大的觀景摩天輪，僅次於新加坡摩天觀景輪與南昌之星，豎立於英國倫敦泰晤士河南畔，座艙數目 32 個，高度為 135 公尺。

● 倫敦泰晤士河跨年

　　除夕當晚，走 40 分鐘路到泰晤士河，此時河兩岸已人山人海，離跨年還有 1 小時。離倒數 20 分鐘時，英國航空倫敦眼（London Eye）才會變化色彩燈光秀及開始放音樂，進入倒數最後的 5 分鐘，才有密集的聲光變化。

　　在泰晤士河畔（River Thames），一片高亢興奮的倒數聲下，大笨鐘（Big Ben）響起了午夜鐘聲，自倫敦眼綻放出璀璨煙火，隨即泰晤士河面上的船隻，也向高空施放煙火，瞬間火樹銀花，河上天空交織著，大家齊呼，一片歡樂，迎接新的一年，精彩的煙火秀持續 12 分鐘！

● 新年在特拉法加廣場遊行（London`s New Year`s Day Parade）

從除夕到元旦，跨年煙火外，還有新年慶祝遊行，有花車、樂隊、啦啦隊、馬隊等，沿路都是人潮，照相機閃不停，我與女兒及日本人K也相約一起去湊熱鬧，選了在特拉法加廣場附近觀賞。

倫敦的跨年有別於在台灣台北 101 煙火 3 分鐘的跨年，讓我很驚艷，從此愛上國外跨年，期望下次的來臨。

✿ 旅遊資訊

● 英國美食：英式下午茶

近代的下午茶發展自英國維多利亞時代的英式下午茶（Low Tea）。

英式下午茶的專用紅茶為產自印度的大吉嶺紅茶、斯里蘭卡的錫蘭高地紅茶、伯爵茶，也有在下午茶時喝奶茶的習慣。

然而喝茶並不是主要的環節，品嚐蛋糕、三明治等各種點心，反而成了最重要的部分。正式的下午茶點心一般是堆疊式「三層架」（Three-Tier Petit Four Stand）的形式：第 1 層（底層）放置各種口味的三明治（Tea Sandwich），第 2 層（中間層）是英國的傳統點心

司康餅（Scone），第 3 層（最上層）則是小蛋糕和水果塔。這個三層架點心應從下往上、由鹹至甜、由淡到濃地吃。我最喜歡司康鬆餅（Scone），是 1 種介於蛋糕與快速麵包之間口感的英式點心，以小麥、大麥或燕麥片作為膨鬆劑的發粉，並在焙烤盤上烘烤而成，有時會使用蛋漿在表面擦蛋液。從司康中間橫切剖開，趁著微溫先放上幾片奶油薄片讓它融化，然後在奶油上鋪上自己喜愛果醬就是最正統的吃法。

【行旅情報】　　　　　　　　　　　＊依當時匯率換算＊

新加坡航空（SCA）：	台灣桃園→新加坡→英國曼徹斯特→火車→里茲
簽證：	免簽證，可停留 180 天
時差：	英國比台灣慢 8 小時（-8）；夏令時間慢 7 小時（-7）
匯率：	英鎊：新台幣 =1:47.65
住宿：	Host Family、Lupton Guest House
學校：	Centre of English Studies（CES）
語文學校網址：	www.languagecourse.net
大英博物館網址：	www.britishmuseum.org

德國 Germany

　　對世界史熟悉的朋友，聽聞德國的第一個聯想，可能是引發第二次世界大戰禍端的希特勒，緊接著就是冷戰時代的柏林圍牆。而綜觀來說，德國就是歐洲數一數二的強國，至今也依然是歐洲聯盟中人口最多的國家。面積 35.7 萬平方公里，人口 8,142 萬。

　　德國首都在柏林（Berlin），是世界名都。德國本身也是世界第 3 大出口國，以及歐洲再生能源大國，並具備完善的社會保障制度和醫療體系。

故事分享：在德國，從青年旅館和陌生人交談開始

● 初次搭廉價航空

　　這趟的歐洲之行買了廉價機票（來回 36 英鎊），搭的是瑞安航空，機場在荷德邊境，交通較不方便，所以初體驗自助旅行 10 天，我準備去大城市如科隆、法蘭克福及柏林，旅館也選在中央車站附近，方便出入。1 個人旅途太孤單，我選擇賣床位的青年旅館，一方面便宜（1 晚 20 英鎊內），一方面可跟各國旅者溝通。

　　帶著忐忑不安的心情，由里茲的布拉福（Leeds Bradford）國際機場搭上飛機，飛往德國杜塞道夫的韋策（Dusseldorf Weeze）機場，因為是廉價票價，所以機上甚麼都不會供應，要吃喝自行付錢，另只能帶手提行李 1 個（55×40×20 公分、10 公斤，包含所有物品及小皮包），若要加掛行李 15 公斤，需付 20 英鎊，當然為方便旅行，我沒有超重，也不斷提醒自己，此行目的不是購物。

● 科隆火車站旅客服務台

● 初次獨自入住只有床位的青年旅館

踏上德國土地第 1 個歇腳處是科隆，它是萊茵河畔最大的城市，工商業發達，夜裡更熱鬧，酒吧餐廳商店林立，前後入住科隆青年旅館 3 晚。

青年旅館離科隆火車站 10 分鐘，有提供中文（簡體字）導覽地圖的旅館，餐廳廚房相連且明亮，我在此認識獨自來旅行的台灣台中大學女畢業生，她用電腦指導我使用火車站機器查詢班次。旅館設備很好，上下床舖很堅穩，唯一缺點是它就在馬路邊，半夜經過的車子很吵，還有 6 人 1 間的青年旅館人進進出出，讓人不好眠。

● 與異鄉人相逢

在德國青年旅館和火車上，比較有印象的異鄉人：

第 1、2 位是科隆旅館室友，來自澳洲的學設計及學政治的 2 位女孩，大四學生，延畢 1 年，來國外旅行 2 個月，已去過英國、義大利及瑞士等，主要為求學期間，能增長見聞，規劃將來。

第 3 位是法蘭克福旅館餐廳遇見的加拿大魁北克上班族，休假20天，來德國毫無計畫，也沒訂房，下一站想去柏林，也許會去捷克、奧地利，且走且看著辦，她上網有看到 10 歐元的青年旅館（這種床位是男女混住的 8-10 人房），還說坐巴士便宜，真是省錢一族。

第 4 位是我充分運用 5 天火車票坐德鐵（EC）去慕尼黑車站附近逛逛，因火車上很擁擠，坐在餐車上吃午餐，遇到來自德國南部奧格斯堡（Augsburg），約 40 幾歲婦女，我請教她哪些慕尼黑景點靠近火車站，方便就近旅行，她指著手機，要我上網查，不太搭理我，我請她幫我照相後慢慢得聊開，才有好臉色，最後她上廁所，居然還請我幫忙看包包行李，所以不是人人都很熱心，人與人之間，還是要花時間溝通。

旅途中巧遇的旅者，我都會試著搭訕，短時間練習英文及了解對方旅行的目的，也種下我喜歡人文交流的旅行的幼苗。

◎ 重要景點

● 科隆大教堂
（Cologne Cathedral）

哥德式建築，是科隆最出名的景點，157 公尺高的鐘樓使得它成為德國第 2、世界第 3 高的教堂，從 13 世紀中起建，工程時斷時續，至1880 年才由德皇威廉一世宣告完工，耗時超過 600 年。

● 法蘭克福火車站

　　藝術史專家認為它完美地結合了所有中世紀哥德式建築和裝飾元素，因此聯合國教科文組織於 1996 年將其列為世界文化遺產，傳說是世間最靠近天堂的教堂。

● 法蘭克福（Frankfurt）

　　城區有 73.2 萬人，由於位居德國中部，成為重要的交通樞紐，法蘭克福火車總站為德國流量第 2 大的火車站，只逛逛美因河畔和商業街道及和青年旅館的旅者交談練習英語，是很熱鬧繁忙的城市，常有商業博覽會在此舉辦，歐盟的中央銀行就設在此。我來到此城市目的是為了在火車站集合跟團半自助去周邊 6 國 7 天旅行，旅客都是不懂英文的中國大媽老爺，7 人小費不多，導遊意興闌珊，要我充當一下，是練習英語的好時機。

● 柏林（Berlin）

※ 柏林博物館島

　　柏林是德國首都，也是德國最大的城市，居民約 376.9 萬人，以為它如台北高樓大廈林立，但結果讓人驚艷，我沿路經過橋梁及施普雷河（Spree River），

● 柏林大教堂

● 法蘭克福美因河

● 以上三張照片‧林秀妙提供

還有一大片森林公園，空氣清新，讓人精神一振，路上有人慢跑或騎腳車，德國注重環保，鼓勵大家騎腳踏車，節能省碳。

因為周圍剛好被施普雷河所包圍，形成 1 個如牛角般形狀的市區內島，柏林大教堂在其東側，5 大博物館連成一氣，主要展出考古藏品和 19 世紀的藝術品。1999 年，因建築與文化的結合，博物館島被聯合國教科文組織指定為世界文化遺產。

◎ 舊博物館（Altes Museum）

舊博物館要排時間才能進入，所以我選擇優先參觀，它是在 1830 年完工，為柏林第 1 座博物館。其以 18 根高 87 公尺的愛奧尼亞式廊柱作為門面，入口前是大廣場，展出許多古代如古代埃及、希臘、羅馬等收藏品，簡單卻宏偉的建築，成為後來許多博物館的建築典範。

● 林秀妙提供

◎ 帕加蒙博物館（Pergamon Museum）

建於 1930 年，主要分為 3 大廳展出不同的主題，包括希臘羅馬文化藝術、雅典娜神廟的門柱，以及美索不達米亞美、巴比倫等古文明，最顯眼的是巴比倫伊施塔爾城門有藍彩釉磁磚貼滿動物如行走的獅子、像馬的公牛等。還有雕塑，武器、金銀首飾等，展品相當豐富且珍貴。

◎ 新博物館（Neues Museum）

　　雖名為新，但其實也是早在1843年到1855年就落成，陳列埃及博物館的珍寶，娜芙蒂蒂女王頭最有名及原始社會時期和古代博物館展品以及部分古希臘羅馬時期的藝術品。

◎ 舊國家畫廊

（Alte Nationalgalerie）

　　舊國家畫廊是美術館，建於1867年，最初旨在建造1座「科學家的殿堂」，現在收藏著19世紀的雕塑和繪畫作品，從德國浪漫主義到法國印象畫派莫內、雷諾瓦等人畫作及羅丹雕塑等。一直到羅馬拿撒勒畫派（Nazarene）的濕壁畫，還有腓特烈‧威廉四世的騎馬銅像。

◎ 博德博物館

（Bode Museum）

　　三面環河，建於1897年到1904年，與博物館島上其他建築最大的不同在於它是屬於巴洛克的風格，有富麗的裝潢。大廳橫跨在施普雷河上，展出拜占庭藝術作品及義大利和德國雕塑作品、鑄造貨幣及硬幣和勳章等。

● 博德博物館

※ 柏林圍牆（Berliner Mauer）

　　約 155 公里長，3 至 4 公尺高，於 1961 年 8 月 13 日開始建造，一開始以鐵絲網為材料，後才被換成更為堅固耐久的磚牆，整個柏林圍牆至今被完整保留的部分只有幾公里，佇立幾個解說牌，也有圍牆遺跡，上面佈滿了各式各樣的塗鴉，圍牆算高，正常人要翻越是很困難的。

　　在冷戰時期，東德的人民用盡各種方法想要翻越這座牆，其實來參觀的大都是觀光客，我們欣賞這座牆的角度，應該與德國民眾大不同吧。

● 林昱帆提供

旅遊資訊

德國火車車種介紹

德國火車車種很多,最常見車種如下:

⭐ ICE(Inter City Express)

高速火車,時速 250 公里以上,像台灣高鐵,有頭等車廂及二等車廂,頭等車廂還會有 4-6 人玻璃隔間,是往來各大城市間火車,有餐車,班次很頻繁,很快速但票價不便宜,旅行中我最常搭乘。

⭐ IC(Inter City)

看起來很像台灣自強號,時速 200 公里,價錢比較便宜,我沒搭乘。

⭐ EC(Euro City)

與 IC 等級相同,是跨國界的可到丹麥、荷蘭、比利時、法國、義大利、奧地利、瑞士等國,我從斯圖佳特到慕尼黑時,當時乘客很多,我坐到餐車,享用 1 頓午餐。

⭐ RE(Regional Express)

是往來小城市或鄉鎮的短距離火車,速度 100 多公里左右,若沒 ICE 時,我大部分選擇 RE。

⭐ S-Bahn

是該城市之區間車,有點像台北捷運,我由柏林市中心去柏林圍牆時,就坐 S-Bahn,林林總總,不勝枚舉。

● 林秀妙提供

　　10 日的德國自由行，我選擇最有效率且最省錢的德國火車護照（Germany Rail Pass），可自由選擇天數，1 個月用完，我買 5 天車票，使用它很方便，只要在購票機器上查詢，會出現幾種車種（可印出），我就可選擇月台及車種班次，自由進出月台，電腦看板也會顯示時間、班次、車種及所經過地點，是否遲到幾分鐘等。

◉ 【行旅情報】　　　　　　　　　　＊依當時匯率換算＊

瑞安航空（Rynaair）：英國里茲→德國韋策（Weeze）
簽證：免簽證，每 180 天期間內，歐洲申根國加總計可停留至多 90 天
時差：德國比台灣慢 7 小時（-7）；夏令時間慢 6 小時（-6）
匯率：歐元：新台幣 =1:38.16
住宿：Pathpoint Cologne-Backer Hostel、Frankfurt Hostel Meininger Berlin Hostel
德國柏林博物館島網址：www.museumsinsel-berlin.de/en/home

壯遊 Chapter 2

南美洲破冰
大冒險

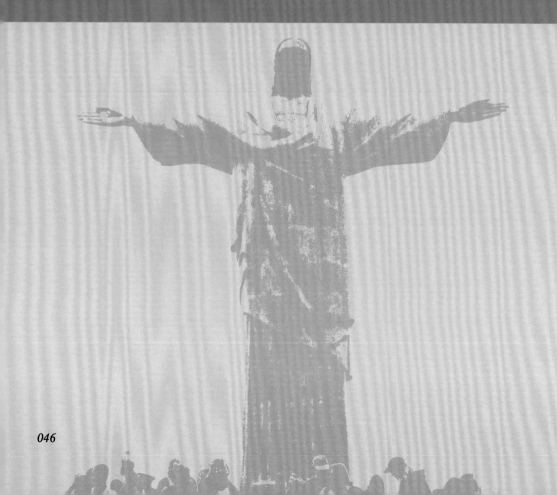

故事從聽不懂西班牙語開始

異國的文化學習

2014 年我獨自踏上南美洲，開啟 70 天 5 國之旅，但首先要克服的難題，就是語言問題。

西班牙語學校初體驗

在布宜諾斯艾利斯（Buenos Aires）的西文學校，女老師是阿根廷年輕人，我從頭開始學西文，上第 1 級課，下午還有文化課程，這一班只有 2 位學生，另 1 位是來自英國倫敦的中年男士，建築公司老闆，他來讀 4 週，他西文程度和我相當，他只選上午課程。老師用英文解釋西文，有些發音與西班牙不太一樣，教得很活潑，最後做連連字遊戲。

下午是中年女老師講阿根廷文化、飲食及景點，對我來說是雞同鴨講，完全聽不懂。學生 4 位，其中 1 位是土耳其男性是第 6 級；來自英國的女生，已是第 7 級；另 1 位是巴西男生是第 3 級。

西文 1 級的我只好看老師的簡報圖，還有老師的肢體語言，偶用英文問老師問題，其他同學用西語提問，我幾乎聽不懂。同學程度差別很大，有 1 天其他同學與老師對談，我忍耐了聽不懂上課的情況達 40 分鐘，終於發飆，我居然能用西文，表達我的不滿，老師嚇得趕快放影片，我自己也很吃驚。隔天我向學校反映，學校解釋這位老師英文比較不好，沒辦法用雙語教學。

※ 校外教學篇

由於我對教學方式的反映，所以老師修正教學，每日上課 20 分鐘，外出校外教學，同學也很開心。

我們走路去附近的民族博物館（Museo Etnografico），館內規模很小，只有 5 個小展覽間，2 層半空間，展示的都是南美印加文物照片，有慶典用的、居家的衣服，還有食物，這才知道玉米是南美最早有的食物，後來才傳去其他國家的，還有展出陶瓷用具、船等。

※ 阿根廷別為我哭泣

另 1 天參觀重點是前總統胡安‧裴隆的夫人伊娃‧裴隆（Ava Peron）墓地，〈阿根廷別為我哭泣〉歌曲是為紀念她而創作的，後來美國歌手瑪丹娜有到阿根廷演唱，很轟動。但夫人享年只有 33 歲，因子宮頸癌病逝，生前熱心救助貧困，得到人民愛戴，這墓園是只有達官貴人，才能下葬的地方，一點都不陰森，已變成觀光景點。

語言精進中，接下來就逐步拓展我的南美之旅。

位於南美洲，很久以來阿根廷總帶點浪漫的色彩，知名的國際雙人舞蹈典型：探戈，正是阿根廷的文化代表象徵。在歷史進程中，因為動盪不安的政局，也嚴重影響該國的經濟發展。

阿根廷土地面積 278 萬平方公里，人口 4,449 萬，是世界第 8 大國。作為一個傳統農業大國和新興市場國家，阿根廷是拉美第 3 大經濟體。布宜諾斯艾利斯（Buenos Aires），是首都和最大城市。

故事分享：跳探戈與學禮儀藝術

首都布宜諾斯艾利斯是探戈（Tengo）的發源地，在布宜諾斯艾利斯，處處有探戈及免費街頭表演，如果跟團旅行，一定不會錯過去餐廳邊吃飯邊看表演（Show）。我沒有音樂細胞，跳舞也沒音感，學探戈是新鮮事。

在語文學校的第 2 天下午，就安排老師教探戈，年輕老師也用西文教學，還好跳舞就是肢體語言，一定聽得懂。

　　首先暖身運動，接著教步伐，左右腳依序前進、後退、向左、向右，重要的是走步時，膝蓋要碰觸滑過，要直走或圓弧滑走。接著訓練手的姿勢，輕鬆置放，全身要放鬆，單獨跳幾圈後，終於與舞伴配合，男士比較辛苦，要有暗示動作，引導女士跳舞方向，前進或後退、左右、跳幾拍就有 1 拍停頓，沒有固定舞步，也不需數拍子，完全看雙方默契，老師要求我們每段音樂都要換舞伴，藉此多了解不同舞伴中的契合度，學習探戈禮儀及藝術。

◉ 問路故事分享：嘗試不同路線和交通，我迷路了！

　　個性迷糊的我，沒甚麼方向感，看地圖，也會走錯方向，所以常迷路。在台灣開車或騎摩托車時，都是去固定的地方。

　　兒女常說：媽媽在國外迷路，怎麼辦？我就會回答：問路啊！

　　在這次南美行 70 天中，歷經 5 個國家 14 個城市，大大小小的迷路近 20 次，最多的是在阿根廷布宜諾斯（Buenos Aries）有 8 次，因為我試圖嘗試不同交通及路線，反倒迷失方向。

　　迷路最害怕的 1 次，是在我去阿根廷伊瓜蘇港市（Puerto Iquaza），跟團走完巴西這邊的伊瓜蘇瀑布行程，車子

送我回阿根廷的旅館，我直接走去附近超市買晚餐。這旅館只附早餐，又比較偏遠，工作人員告訴我有 2 處超市，當我進超市買完東西時，天色已暗，人很稀少，路上沒路燈，我戰戰兢兢想走回旅館，糟糕的是我沒帶地址，來回走了 3 次，都沒發現旅館蹤跡，此時很害怕，在 1 家旅館走進去問，我身上只帶三星旅館名字，也沒電話，他們上網幫我查，網站上沒有這家，我都快急哭了，女老闆很熱心，想了半天，與工作人員比畫一下，教我如何走回去，順著指點的路，我終於到旅館了。至此之後，我學到教訓，要隨身攜帶住宿家庭或旅館的電話、地址、名片及地圖，以防萬一走失。

◎ 重要景點

由伊瓜蘇瀑布地區附近的伊瓜蘇河口一帶輻射開去的三國邊境地區：包括巴西的伊瓜蘇市（Foz do Iguazu）、阿根廷的伊瓜蘇港市（Puerto Iguazu）及巴拉圭的東方市（Ciudad del Este）。我在阿根廷，前往伊瓜蘇港市，同時去了巴西及阿根廷瀑布。

● 巴西伊瓜蘇瀑布（Iguazu Falls, Brazil）

週末一早坐南美（Lan）航空去阿根廷伊瓜蘇港市（Puerto Iquazu），機場有別於我初次到布宜諾斯艾利斯的國際機場，這是國

內機場，飛行約 2 小時，航空只提供簡單餅乾，及果汁茶水，都是經濟艙。為不辜負巴西商務辦事處給我 90 天簽證，阿根廷及巴西二邊瀑布都要好好遊覽。

伊瓜蘇瀑布，橫跨巴西、阿根廷及巴拉圭，是世界第 3 大瀑布，有別於東非維多利亞瀑布及美加尼加拉瓜瀑布，它是世界最寬的瀑布，寬 4,000 公尺、高 82 公尺，由 275 股大小瀑布形成。當地的瓜拉尼語意為「大水」。

巴西重視觀光，為已是世界自然遺產的瀑布建木棧步道，約 2 公里，我們沿路慢慢觀賞，約 1 小時 30 分，遊客邊走邊發出驚嘆聲。

感覺好壯觀，越走近越壯觀，氣勢雄偉磅礴，所有形容詞無以形容。聽到瀑布聲外，也有聽到鳥叫聲，聽說園內養百種雀鳥、動物，看到很多狸子貓穿梭，蝴蝶飛舞，雀鳥吱吱叫。

走到稱為「惡魔的咽喉」（Devil's Throat）的地方，是有鋪木棧道延伸一大段，方便遊客觀賞，享受瀑布飄過來水淋濕的滋味，站在木棧道，抬頭上觀瀑布，下腳踩瀑布，像英雄又有狗熊的狼狽樣！最後走到最高觀景台，近距離看瀑布，在這風和日麗，陽光普照的天氣，陽光反照，眼睛都張不開了，心情由低潮轉高亢，瀑布讓我好震憾！

● 巴西伊瓜蘇瀑布

● 惡魔的咽喉阿根廷伊瓜蘇瀑布（Iguazu Falls, Argentina）

　　觀賞令人震撼的巴西伊瓜蘇瀑布後，隔天進入伊瓜蘇國家公園，遠遠已看到數不清的數股瀑布群，它不像巴西是由遠而近，有一些瀑布慢慢出現，到最後越來越近的瀑布，阿根廷的瀑布比較像一覽無遺的瀑布群，我們先走上層步道，最後到也是「惡魔的咽喉」，大瀑布豐沛的水量，更讓人驚艷。接著坐吉普車到碼頭，準備坐船（票價520 pesos）到聖馬丁島，繼續體驗瀑布的震撼，沿路有解說員解說，這森林有很多動物，如烏龜、雀鳥、猴子、豹等，還可近看瀑布群。

　　終於上船，工作人員準備了不透水大塑膠袋，用來裝衣物、錢包等。我也穿上防水外套，外加台灣帶去的輕便雨衣，全副武裝，心想應該不會淋濕。船上大部分是年輕人，不斷喊叫，船衝到瀑布下，

● 阿根廷伊瓜蘇瀑布

像是大水淋浴，也像突遇傾盆大雨，瀑布灌頂，全身濕透，所有防備都派不上用場。

大家齊喊「再來、再來」，一副不過癮的樣子，船長開船三度衝向瀑布，大家充分被瀑布洗禮，很刺激的經驗！

● 阿根廷美食

※ 瑪黛茶

西文老師現場示範阿根廷有名的瑪黛茶（Yerba mate），用磨棒（bombilla）磨茶，再放入糖，熱水，攪幾下，最後用吸管（filtbo）喝，好特別。

瑪黛茶（英語：Mate tea；西語 Maté），是冬青科冬青屬的 1 種植物，原產於南美洲的亞熱帶地區，被譽為「阿根廷國寶」、「綠色黃金」。

將葉片浸泡在熱水中所泡出來的茶湯稱為瑪黛茶。瑪黛茶含綠原酸（Chlorogenic acids）成份，綠原酸是對人體非常有益的成份，能促進血液循環，還有利尿、提神解勞之功能。

※ 阿根廷烤肉（Asado）

在阿根廷，烤肉是很重要的家庭和聚會活動餐點，我和同學們去吃烤肉，看見必須先將木材燒成熟炭，去

掉炭內的有害物質，再以文火慢烤肉類，所以，1 塊肉燒烤時間最少要 2 小時以上，這是對客人的用心。

　　阿根廷烤肉最大的特色是肉大塊的烤，不刷任何醬料，而因為是慢火慢烤，肉的甜味和肉汁都被封在裡面，口感和一般烤肉不同，可以自行加醬。

【行旅情報】

＊依當時匯率換算＊

國泰＋土耳其航空：台灣桃園→香港→土耳其伊斯坦堡→阿根廷布宜諾斯艾利斯
簽證：本人親自辦理多次簽證，可停留 90 天（現為電子簽證）
時差：阿根廷比台灣慢 11 小時（-11）
匯率：阿根廷比索（ARS）：新台幣 =1:3.6　美元：新台幣 =1:33.3
住宿：學校提供之住宿家庭、Iguazu Hotel
學校：International Bureau of Language（IBL）Argentina
西文學校網址：www.languagecourse.net

智利 Chile　　　　第四站

　　提起智利，這個位於南美洲的國家，最大的特徵，就是狹長，國土南北距離約 4,300 公里，東西平均距離卻只有近 200 公里。而由於地處美洲大陸的最南端，智利也同時是全球最南端的國家，智利人經常稱自己的國家作「天涯之國」。

　　智利天然資源豐富，被列為南美 ABC（Argentina, Brasil, Chile）三強之一，面積 7.6 萬平方公里，人口約有 1,873 萬，種族以白人、混血族群居多。首都聖地牙哥（Santiago）其座落於智利中部的中央谷地，海拔約 520 公尺。

🏵 故事分享：初識熱心的台灣朋友

　　社大陳老師介紹旅居聖地牙哥的台灣年輕朋友 Jimmy，特別請假，很熱心幫我換匯、教我坐捷運、帶我去諾貝爾得主故居景點小旅行。

　　先去吃有名的智利海鮮，在 1 家裝潢似酒吧的餐廳，我點了鳳梨現打果汁、智利薏仁甜點兼冰淇淋、還有 2 人份的海鮮餐。滿滿蝦、魚、花枝、貝類，讓我大快朵頤，尤其是來南美近 1 個月了，很少吃海鮮，智利靠海，一定要好好品嚐，果然不失所望。雖有點貴，含小費 36,000pesos，不過物超所值，又鮮美可口。

❀ 重要景點

● 聖地牙哥（Santiago）

※ 聖露西亞山（Cerro Santa Lucia）

聖地牙哥地鐵共 5 條，非常便捷，上下班時間很擁擠，要小心錢包及手機，朋友手機就是搭地鐵時被扒走，以我經驗其實在每個城市都該注意扒手。

我在 Santa Lucia 下車，它在市中心東北方。走上山，有小徑，旁有樹木，沿路大部分是石階，有噴泉。看到許多學生，情侶、母子、遊客等，要走到最高點算很陡，兩旁有扶桿，以防跌倒。

我慢慢欣賞風光，約走 30 分鐘，終於到達山崗最高點，居高臨下，可俯瞰全聖地牙哥景色，在熱鬧的市中心，小山丘是大家休閒的好地方。

※ 中央市場

搭地鐵去中央市場（Mercado Central），聽說海鮮湯物美價廉，經老闆招呼，隨意進了 1 家攤店，我點最便宜的海鮮湯（Sopa Marina），3,500pesos，滿滿貝類，還有麵包，大顆檸檬讓你提味，味道很鮮美，實在太大碗了，簡直是 2 人份的海鮮湯，吃了麵包，加上我最近胃變小，1 天只吃 2 頓，好怕撐破肚子。

　　市場除賣餐飲外,還有生鮮魚蝦、水果、雞肉、起司及麵包,尤其是水果,草莓很大顆,櫻桃很甜,櫻桃1公斤,才 1,000 pesos 很便宜。這裡有點像台灣的傳統市場,比較不一樣的是這裡市場沒魚腥味、臭味,魚肉放置透明玻璃櫃內,有加蓋子才會販售,衛生值得台灣學習。

※ 巴勃羅‧聶魯達（Pablo Neruda）故居博物館

　　Jimmy 帶我去巴勃羅‧聶魯達故居,是智利諾貝爾文學獎 1971 年得主,故居博物館（la Chascona）票價 5,000pesos,內部不能照像,分臥室、廚房、酒吧、書房、客廳及法國房等,都陳設一些家俱、擺設及書畫。

　　我看到 2 幅來自中國的人物鄉村畫,掛在臥室,還有其他國家畫及擺設物品如瓷器、紅綠玻璃杯,聶魯達認為水倒入紅色及綠色玻璃杯才好喝。

　　這裡有 4 棟房子,山下的 2 棟房子,有 3 層樓,房子外觀是黃色或藍或白色,庭院也種了些花草樹木,是很舒適的房子。

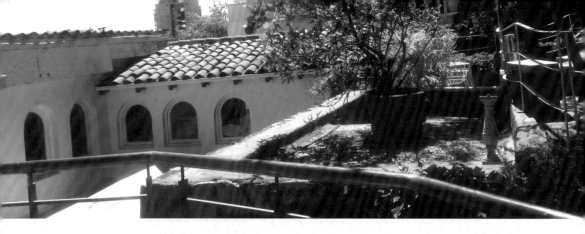

● 巴勃羅·聶魯達（Pablo Neruda）故居博物館

● 瓦以帕萊索市（Valparaiso）

在地鐵站（Pajaritos）搭巴士，經過 2 個收費站，約 1 小時 30 分來到聖地牙哥北邊的城市，這裡人口 28 萬，是智利中部沿太平洋海港城市，2003 年被列為世界文化遺產，智利國會所在地。

瓦以帕萊索市臨海，是非常重要的港口，可以看到很多貨櫃船和軍艦。在這裡，步行是最好的遊覽方式。因下雨我進了 1 家餐館，有點濕冷，想喝熱湯，點了有湯的今日特餐，包含湯、麵包、沙拉、甜點冰淇淋，主餐是豬排義大利餐，來南美後都沒吃豬肉，想吃看看，結果肉質很硬，不太合味口，看來只有雞肉，比較好吃。湯來了，是水波蛋湯，沒有想到是雞湯熬煮的，非常鮮美。服務生是中年男子，非常有禮貌，服務周到，會講英文，但無英文菜單。

　　接著坐升降機（Ascensor），在這城市有 10 多部古老的升降機，已是國寶級古蹟，首先坐 Ascensor el Peral，是 1990 年建，坐 1 分鐘到頂，有很多咖啡廳及住家，俯瞰太平洋，看到很多船隻，另一面看到城市全景，山上房子林立。

　　接著往 Ascensor el Concepcion，一到山頂，建築比較歐風，1850 年就有很多歐洲人移民至此，看到很多美麗的塗鴉。其實走在山下的街上，沿路就有很多油漆塗鴉，不論是商店、攤亭、教堂等都被塗鴉，五彩繽紛的顏色，造就這城市的塗鴉文化。不喜歡的人，你可以說是髒亂，喜歡的人，覺得好有特色。

🌸 主題之行：尋找摩艾（Moai），復活節島之旅

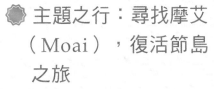

　　復活節島（英語：Easter Island；西語：Isla de Pascua）的名稱由來是 1722 年荷蘭人在復活節登上該島，其後成為智利國土，是距離智利本國 3,600 公里的孤島，被南太平洋包圍，在 1995 年列入世界文化遺產。該島形狀近似呈一三角形，由 3 座火山組成，人口 7,750 人，面積 163.6 平方公里。

　　4 天 3 夜之旅，有獨自逛逛島中心，和民宿同伴去爬死火山，接著租車 1 日遊及跟團 1 日遊，多樣化旅行方式，就在復活節島。

● 自由行

※ 島中心

　　島上陽光普照，藍天白雲、碧海藍天，天氣雖很熱，微風吹來，有舒服的感覺，走在小島西南沿海，逐漸看到「摩艾」，散落在島上的摩艾，有 900 多個，高度 1-21 公尺、平均重 13 噸，全是沒有腳的半身石像，有些已被海水侵蝕，面目不清楚，都是方形長臉、鼻子高挺、眼窩深凹、長耳。

　　我只看到 2 座鑲有眼睛的摩艾，1 個是被搬在架上圍起向南的，是刻意保護著，另 1 個是背海獨立，戴帽子的摩艾，很顯眼。還有背海的 5 個站在一起的摩艾

群（Ahu Vai Uri），但面目肢體已不清楚，殘破不一。摩艾是島民精神象徵，幾百年來，風雨不斷，保護這小島。島有半個台北市大，居民、遊客散落，人不多。

沿路經過墓園，種了有很多菊花，有許多人來哀悼，此時我反而不害怕，這時想起在遙遠天國的媽媽，我獨坐在海邊石頭上，對著一望無際的大海，思念媽媽，每次旅行都會想念她，也許是我有幾次旅行，是和媽媽單獨共渡的，是有歡笑，有淚水的回憶。這是個寧靜的小島，聽到海浪聲，可以放空，我卻流淚，是思念媽媽，還是孤寂的心靈，需要紓解，我也分不清？

※ 死火山口
（Volcan Rano kau）

和民宿同伴爬死火山，它是 300 公尺高，全島是國家公園，票價約 60 美元，走了 1 小時半（坐車只要 15 分鐘），終於到達直徑寬 1.6 公里、深 11 公尺死火山口，注滿水及浮萍，旁邊有很多植物，一邊就是太平洋，另一邊可俯瞰整個復活節島村落，風景優美，但很冷，風很大，一不小心，人會被吹倒。

● 租車一日遊

獨自走走復活節島市中心，並和民宿同伴去爬死火山後，體力不支，我和哥斯大黎加及來自瑞士的護士小姐決定租 1 輛吉普車，哥國小姐當司機，前往 Puna Pau 和爬 Maunga Terevaka 山。

※ 帽子工廠
（Puna Pau）

租車先到帽子工廠，看到一些紅帽子散

落各處，至於是如何運到摩艾工廠結合，還是搬到豎立摩艾的場所，再鑲上帽子，不可考，聽說也不是每個摩艾都戴帽子，是酋長、長老才能戴，是象徵紅羽毛的頭冠。

在 Ahu a kivi 則看到有 7 個面海的摩艾排排站，這是島上唯一面海的摩艾群，其他都是背海，象徵保護子民。

※Maunga Terevaka 山

在 Ahu a kivi 後面有座山，約 500 公尺，只能騎馬或走路，車子不准進入，我們開著吉普車，到達山下，哥斯大黎加小姐一馬當先，我與瑞士可愛胖妹殿後，來回走了 3 小時，比死火山口高，但山路平穩好走，終於到達山頂，可俯瞰太平洋 360 度，雖走的很辛苦，但好值得。

※Sector Ana Te Pahu

到地下城堡探險，泥路損壞的嚴重，車子歪歪扭扭的駛向前去，我們在山中迷路了，我建議回民宿，2 位遊伴不死心，繼續尋找，瑞士小姐眼力很好，遠遠能看到香蕉樹，因當地人說洞穴前有香蕉樹，終於找到 Sector Ana Te Pahu。幾百年前，為躲戰爭興建的避難所，就是地下城，看到一些石頭堆砌而成的空間，有水源，1955 年才發現此處。

● 跟當地團一日遊

跟民宿團去島上較遠的行程－ Akahanga、Rano Raraku、Tongariki

● Ahu a kivi

及 Anakena，英文導遊是女主人的先生，法文、西文團就由她當導遊，當天女主人充當司機，我們是迷你團，團員只有 4 位。

※Akahanga

第 1 處景點是 Akahanga，導遊很盡責，講解原住民是波利尼西亞人後代及現場房子，城中心是約 500 年前的遺跡，傳說是大酋長霍圖‧瑪圖攜家眷乘船而來這小島，就詳細解説了 1 小時。

※摩艾製造工廠 Rano Raraku

現場有 300 多座摩艾，很壯觀。有完工的，也有沒完工的，有倒的、坐的、躺的，所有石頭原料在此死火山採集、製造，再運到島各處樹立擺放，石頭很堅硬，是玄武岩。紅帽因顏色不同，是在另一地方製造，移至此地。

※Togariki

有 15 座摩艾背海整齊排排站，豎立在 100 公尺長的石壇上，一字排開。其中有 1 座戴紅帽，是日本於 1992-1996 年，花錢修復保存。島民約 5,800 多人，據説島上日本人不少。

　　摩艾約於 10-17 世紀陸續建造，跟宗教及祭祀有關，18 世紀因戰爭，彼此消長，摩艾被推倒，散落各處。另 1 個景點主要是原住民房舍，有些面積很大，應該是酋長的房屋，有些石頭上有符號，如魚等，是象形文字，也代表靠海補魚為生。

◎ 【旅遊資訊】

● 復活節島美食

　　跟團最後景點是在 Anakena 晚餐，那裡有棕櫚樹及白色沙灘，還有 7 座戴紅帽的摩艾相對應，景色非常美麗，很多遊客在游泳、戲水。晚餐我點了芒果汁及當地有名的 Empanadas，內包鮪魚和起司，炸得外酥內軟，調味剛好。

　　為犒賞自己，另 1 天點了魚餐，當地魚很軟很新鮮，加小費才 6,600Pesoes（約台幣 330 元），這幾天觀察復活節島物價並不貴，是傳聞太離譜，飲料點可樂或礦泉水，少點比較貴的果汁，說實在不需緊張的帶糧食，好好輕鬆享受島上美食及風光吧！

◉ 【行旅情報】　　　　　　　　　　＊依當時匯率換算＊

南美航空：阿根廷布宜諾斯艾利斯→智利聖地牙哥→
　　　　　復活節島

簽證：電子簽證，可停留 90 天（現為免簽證）

時差：智利比台灣慢 12 小時（-12）、復活節島比台灣
　　　慢 14 小時（-14）

匯率：智利比索（CLP）：新台幣 =1:0.0506
　　　美元：新台幣 =1:33.3

住宿：Host family、Vaianny Guest House Tukihaka

復活節島網址：www.tripadvisor.com.tw

南美航空網址：www.latam.com

曾經擁有美洲最早的古老文明，直到哥倫布時期，被來自歐洲的武力蹂躪，輝煌燦爛的印加古帝國被征服，黃金時期結束，最後淪為殖民地，直到 19 世紀才獨立，至今，依然國約有 50% 人口生活在貧窮之中。

　　祕魯位於南美洲西部，面積 128.5 萬平方公里，人口為 3,280 萬，首都利馬（Lima）。主要經濟活動有農業、漁業、礦業，以及較傳統的製造業。

◉ 故事分享：聖地牙哥機場驚魂記

　　由復活節島飛聖地牙哥，再轉機飛祕魯首都利馬，中間轉機時間只有 1 小時 20 分，復活節島飛機延遲 20 分鐘飛聖地牙哥，我有點擔心，我告知空服員，等一旦到達，我要第 1 位下飛機，衝出機艙，沒想到國內飛機和國外雖同一機場，但不同樓層，行李可直掛利馬，因是不同國家，人還要過海關，我在聖地牙哥機場，簡直是用跑帶飛的，不斷和工作人員及其他旅客說抱歉插隊，請求協助，否則我會上不了飛機，終於到登機門，還好飛機也延遲 30 分鐘，此時我腸胃絞痛到不行，我活生生上演機場驚魂記，所以我也得到教訓：爾後排飛機行程，轉機一定要有充裕的 3 小時，寧願苦等傻等班機，也不要急出病來！

◉ 重要景點

● 利馬（Lima）

※ 市中心

　　到利馬旅館已近隔日凌晨

● 祕魯總統府

1:00，休息至早上吃完早餐，開始在利馬輕鬆自由行。傳說利馬舊城區很亂，偷搶很多，但我為圖方便，可步行去很多景點，所以選擇住在附近旅館，看到街上三五步就有警察，時有警車，鎮暴警車，我覺得好安心。走到武器廣場（Plaza de Armas），是舊城區地標，銅鑄噴泉是 1641 年建，是列入世界遺產，正對面是總統府，每天中午 12:00 舉行儀隊交接，正巧擴大儀隊，樂隊表演，我運氣很好。

在中國菜餐廳，吃中晚餐，沒有 1 位會說中文或英文，菜單是西文，後來來了個說廣東話的服務生，點了雞肉蛋炒飯和鮮蝦餛飩湯，好大碗、好大盤，才約台幣 180 元，味道道地，餛飩皮太厚點，利馬物價算便宜。

※ 中國城

走到唐人街，入口有 1 牌坊，寫著中華坊（Barrio Chino），是南美最大的中國城，除中式餐廳外，還有賣衣服、器具、掃把等。令我驚訝的是在牌坊外，居然看到像台灣的傳統市場，現場剁賣豬肉、雞、魚等，旁邊還有飲食攤販，很多人在那吃東西，還有賣雜糧、雜貨等。攤商都是外國人，沒有看到華人，市場有腥味，衛生狀況較差。

※ 聖法蘭西斯修道院（Convento de San Francisco）

我看旅行書，不想去恐怖的地方，但旅館工作人員力推，門票只要 7sol，有英文導覽，是 17 世紀教堂、修道院、圖書館，為紀念耶穌 12 門徒猶大的教堂，內部牆壁是很多瓷磚砌成，展示油畫、衣物、照片、神像等。

教堂現在仍舊在使用，作禮拜。令人毛骨悚然的是地下古墓，走在燈光微暗墓穴，有 7 萬 5 千多骸骨，都是不知名的，當時人們認為死後能葬在教堂，是很光榮，又能與上帝同在，才算死得其所。導覽先生說要有些社會地位，或與宗教有關的人，才能葬在這教堂，的確看了一排排萬人骸骨，令人震驚！

🏵 主題之旅：亞馬遜之旅

離開利馬，飛伊基多斯（Iquitos），主要是要遊亞馬遜河（Rio Amazonas），參加亞馬遜雨林 3 天 2 夜當地團，包括該城市觀光，300 美元包吃住及導覽，算很便宜。

● 聖法蘭西斯修道院

上午 9:00，導遊來旅館接我，我又嚇了一跳，1 輛中型巴士，只有我和導遊。到碼頭，換船，還有另一當地人，我們經過幾分鐘遊納納伊河，就到亞馬遜河，二邊交界，可以明顯分出，亞馬遜河土沙

很多，顏色很黃，祕魯是上游，有 7,000 公里，下游在巴西。

● 小型動物館（Sueños del Momón）

　　有蟒蛇、猴子、樹懶（西語：Perezoso）、雀鳥（Hiacamayo）、百年烏龜等珍稀動物，導遊要我抱蛇、烏龜、樹懶，我都怕怕，敬謝不敏，一方面也是保護動物，若每個遊客都來個愛的抱抱，對動物而言是傷害。

　　最後到亞馬遜河邊民宿，迎賓方式是送上果汁解渴，看起來像渡假村，有可可樹，還有花草樹木、運動器材、游泳池等，屋頂是茅草蓋的，房間是木頭的，我 1 個人睡 4 張床，好大一間，算賺很大。

● 亞馬遜雨林（Jungle de Amazon）

　　隔日導遊帶我走亞馬遜雨林，吸收芬多精，走到一間茅草屋是原住民部落，住民現場歡迎方式是用染料在我臉上二頰畫斜線各 2 條，還唱歌跳舞迎賓，我和導遊都被拉去共舞。

　　下午下小雨，要去亞馬遜河釣魚，導遊說風雨無阻，釣到魚，晚餐才有魚吃。我已吃怕牛肉，雞肉，希望加油能釣到魚。

我們全副武裝，穿雨衣、雨鞋，帶土司、肉等魚餌，由很靦腆的年輕船夫開船，3 人前往河流雨林處釣魚，還沒釣到魚，風雨越來越大，沒辦法釣魚，只好加速前進，浪花四溢，快樂的笑容在每個人臉上呈現，我們玩得挺高興，真是難忘的經驗，導遊笑說晚餐還是會有魚肉吃！

● 夜遊亞馬遜河

當晚打雷、下雨，延遲了些時候上船，此時星星也看不見，螢火蟲也看不見，烏黑一片，甚麼都看不到！導遊說用聽的，亞馬遜河靜得只有鳥叫、蟬鳴、蛙啼，還有船引擎聲，偶有魚跳躍聲，真是靜到無聲勝有聲！

● 亞馬遜動物園

亞馬遜河長達近 7,000 公里，是目前世界第 1 大河，貫穿祕魯、巴西、哥倫比亞，植物有萬種，昆蟲 250 萬種，鳥類哺乳動物 2,000 餘種，魚蝦蟹千餘種，值得一遊。

導遊安排 2 處動物園，1 處是小型的 Pilpintuwasi，有來自美國的解說員解說。這裡有蝴蝶、猴子、豹、樹懶，還有金剛鸚鵡（Guacamayo），會說西文 Hola！（哈囉），以及金絲猴來搗蛋、來迎賓。導遊交代身上配件、太陽眼鏡、手錶、手機等要藏起來。

最後到伊基多斯，南美佔地最大動物園（Qistococha），有猴、豹、老虎、烏龜、鱷魚、水瀨、像水牛的貘（Tapir），亞馬遜各類魚如食人魚（Piranha），都是標示西文，我也看不懂，還有 1 個美麗的科查湖（Lago la Kocha），假日遊客很多，可以游泳戲水、曬太陽。

● 伊基多斯（Iquitos）城市觀光

在伊基多斯逛市區，看到很多電動三輪車，當地人稱 Motorkar，是主要交通工具，幾乎佔據道路，車子只好慢慢行駛。去了武器廣場及大教堂，還有看到 1 艘船，是 19 世紀載客去歐洲的輪船，停在板谷河旁（Itaya River）。中午終於吃到合口味的菜，是魚飯湯及香料雞腿。

最後我要求導遊帶我去超市及路邊水果攤，看看當地水果，有吃起來像硬的哈蜜瓜的 Zapote；有小小顆，掛在樹上果實纍纍的、皮呈棕色肉黃的 Aguaje，用鹽巴醃，有點鹹，最後很驚喜發現小學劉同學在嘉義家鄉種的亞馬遜黃金果，這裡稱 Caimito，水份多，很好吃。品嚐好多當地水果，頻向導遊說好吃（Bien Rico）！

● 黃金果

主題之旅：庫斯科之旅

由 Iquitos 飛利馬，隔日上午 5:00 再飛庫斯科（Cuzco），要在機場苦等 5 至 6 小時，這城市海拔 3,400 公尺，我擔心有高山症，2 天前就開始吃高山症藥，在機場時突然一直拉肚子，上了飛機也是頻上廁所，飛機開始下降時，我臉色很蒼白，呼吸困難，空姐說停用廁所，我實在撐不住，去上廁所後，就好多了。等專車來接我至住宿家庭，我吃了大弟為我準備的止瀉藥，男主人給我喝預防高山症的古柯茶（Coca Tea），睡了半天後，精神飽滿，又是一條鳳了！

● 庫斯科（Cuzco）古城 ─「肚臍」

庫斯科，是秘魯東南方的城市，人口約有 30 萬人，座落在瓦塔納伊山谷中（Huatanay 有神聖的意思），有安地斯山脈環繞，是古老的印加帝國的搖籃。庫斯科是庫斯科大區及庫斯科省的首府。

庫斯科是 1 個高海拔城市，海拔有 3,400 公尺，它的名字在秘魯當地話中（蓋丘亞語）意味著「肚臍」。1983 年，城市中的古城列入聯合國教科文組織世界遺產，登錄名稱為庫斯科古城。

※ 異國交流 ─ 住宿家庭篇

住宿家庭給我單人房，包早晚餐，這裡是我到過的家庭，提供最好及最便宜的住宿，男主人已退休在家裡幫忙，女主人在市中心開紀念品店，女兒曾在利馬就讀烹飪學校，上班後工作時數長又薪水低，目前和男友在家開餐廳，只供應週一至週五中餐。兒子在利馬讀大學，還有 1 位 83 歲的外祖母，我的餐食都是男主人或她女兒準備，咖哩雞、燉豬肉，他們每餐只有一道菜，很少青菜，也不太吃水果，只打果汁，後來我才知水果除香蕉外，都很酸。夫妻很和藹可親，跟女主人去她上班地方，她帶我去的換匯，1 美元換匯 2.94 sol，男主人也告訴我哪些景點可去觀光。

週日正逢女主人生日，我自願為女主人準備晚餐，其實是我想念台菜，附近有傳統市場，和台灣差不多，由她女兒及男友帶我去超

市買菜，他們在學校有學中國菜，我煮了他們不曾知道的三杯雞，超市沒有米酒，就用葡萄酒代替。

　　準備食材及煮菜時，爸爸、女兒及男友皆在旁觀摩，照相、作筆記，我特別加 1 道炒菠菜，她們頻頻說好吃，還特別拿出印加可樂請我喝，喝起來像汽水，黃色，是檸檬黃。飯後 2 位廚師還請教我菠菜、豆腐作法，庫斯科豆腐 1 盒要台幣近 200 元，真是天價，我說可自製豆漿、豆花，當地也沒賣黃豆，要去利馬買，他們請我多教些 Chinese Food（中國菜），我居然在庫斯科當起烹飪老師，這是我所始料未及的。

　　在國外我意外發現，我的才藝是烹飪，雖我廚藝是普通，但只要在國外煮菜，如 2 年前的英國及現在的祕魯，在國外都得到意想不到的讚美反應。在退休後，常覺得在家中已沒甚麼功能，居然在國外，廚藝如此受歡迎，我真得可以考慮第二專長了！

※ 不一樣的聖誕節

12 月 24 日聖誕夜，25 日是聖誕節，基督教、天主教都會在聖誕夜凌晨子夜彌撒，在台灣我是不過節的，聖誕節逐漸商業化，各百貨公司為搶顧客，花樣百出，聖誕樹、各種裝飾出籠，民眾也跟進湊熱鬧，欣賞聖誕夜景，還有辦理許多有關活動。

在庫斯科聖誕節有甚麼不一樣嗎？我向住宿家庭主人打聽，他們都說 24 日，只有這天武器廣場會有活動，有很大的禮物，我想大概是禮物展示，沒想到是很多攤商在賣很多禮物，許多民眾都趕來買禮物，雖有點失望，還是逛逛，忍不住買點紀念品、衣服及印加鞋子。還看到很多年輕人在帶領小朋友玩遊戲，應該是志工朋友。

據說聖誕大餐很豐盛，應住宿家庭要求，我做火腿蛋炒飯，不過男主人說要凌晨 12:00 才能吃，我肚子餓到咕咕叫，吃些水果充饑。我與 2 位廚師開始煮菜上桌，12:00 教堂鐘聲響，外面有鞭炮聲，男主人開始給每位 2 小根仙女棒，接著互相擁抱貼臉後，交換禮物，居然老祖母送我圍巾，男主人送我背枕套，我臨時只好抓在他國買的小紀念品送男主人及 2 位廚師，早上買的布娃送給老祖母。我很感動，也很意外收到聖誕禮物。

聖誕大餐，有炸雞、蜜汁排骨、烤香腸、蛋泥沙拉、義大利麵，還有我煮的火腿蛋炒飯，還喝白酒及印加可樂、果汁。大家說說聊聊，吃吃喝喝，過個很溫馨的聖誕夜。

這夜讓我想起小時候過農曆年要守歲，要等到 12:00 才能睡，但有很多東西可吃，好像習俗都有點像，有仙女棒、有鞭炮，只是沒有台灣菜色那麼多，那麼熱鬧，我在祕魯庫斯科過了 1 個不一樣的聖誕節，也親自體驗了外國人的聖誕夜！

我不曾煮過 8 人份火腿蛋炒飯，他們頻說好吃，也是銷路最好的 1 道飯菜，廚師說改天要炒給客人吃，很高興我的廚藝在異國受肯定。

重要景點

● 庫斯科（Cuzco）

※ 太陽神殿（Qorikancha）

太陽神殿是庫斯科有名的廟宇，是印加帝國祭祀太陽神的地方，據說當時建築牆壁都是黃金，16 世紀初西班牙人入侵，印加王想用黃金換自由，黃金搬光了，但還是沒保住命。

原建築在 1 樓，西班牙人加蓋 2 樓，還有旁邊的教堂。和我先前參觀的印加博物館建築好相似，但整個建築印加蓋的石頭牆很堅硬，地震來都沒倒塌，反而西班牙時期加蓋的建築倒了，都重整過。

牆壁有許多油畫，都是和聖經或宗教有關的油畫，2 樓有些展覽，如漫畫、公共藝術品，1 樓都是石頭、石牆，顯示印加

● 太陽神殿

太陽神殿遺跡，比較特別的是一大塊黃金掛在牆上，應該是仿的。還遇到學生校外教學以及團體參觀有導遊解説。建築外還有一大花園和草坪，很多小朋友在嬉戲奔跑，是看起來很舒服的綠地公園。

◈ 故事分享：太陽神殿巧遇故鄉人

巧遇 2 位台灣人，1 位年輕女生辭職來自助旅行，是第 3 次環遊世界，她只要在台灣上班 3 年，存點錢，就想出發，下一站是玻利維亞，她説在庫斯科辦簽證，很快拿到簽證，我也訥悶，怎麼有些國家在國外簽證那麼容易？

另 1 位年輕男生也是辭職去澳洲 2 年打工度假，現在環遊世界，下一站是智利，2 位年輕人都住青年旅館，在庫斯科認識而在此同行。

現在的年輕人和我們上一輩及這一輩的人想法不同，我們是等退休，齒危髮白才開始旅行，甚至有人還瞻前顧後，擔心孩子、孫子到老，心裡放不下。

※ 庫斯科市中心

祕魯庫斯科是西元 1100 年建城，是印加帝國首都，也是經濟、文化中心，16 世紀西班牙人殖民，才遷都利馬。這裡街道都是石頭路，很多房子是石頭砌成，仍保留古城原貌。

還有 1559 年蓋了近百年的大教堂，一旁巷內有印加博物館（Museo Inka），票價 10sol，內部不能照像，展示印加帝國的紡織、陶器、武器等，還有馬丘比丘舊照片、模型等。續向內巷走，看到印加時期的石牆（Twelve Angle Stone），不得不佩服他們的功力，石牆至今仍保存很完整。

有免費騷沙舞（源於古巴）教學，我也去湊熱鬧，Salsa 西班牙文是調味料，源於古巴，西班牙語發音（諧音）酷似「騷沙」，故稱騷沙舞。據説非洲奴隸被帶到中美洲做工，雖手鐐腳銬，但仍手足舞蹈自娛，而產生這種舞蹈。它與拉丁舞同源，老師教的是紐約舞步，三步，停一步，再跳三步，節奏很快，舞步變化多端，我是第 1 次跳騷沙舞，跳得滿身大汗，有時會跟不上。有位來自美國中年婦女，跳 20 分鐘，就頻喊累，説放棄，我還堅持 1 小時，表示體力尚佳，在活潑熱情的音樂中，大家不分男女老幼，都感染快樂的氣氛，盡情的跳騷沙舞！

● 印加博物館

● 薩克塞華曼堡壘

● 白基督像

※ 庫斯科近郊

首先到薩克塞華曼堡壘（Sacsayhuamán），它是離庫斯科2公里，高 3,701 公尺，比庫斯科高，建於 15 世紀，是印加帝國用來祭祀太陽神或舉行成年禮的地方，並不是軍事要地，巨石與巨石間銜接無縫，16 世紀西班牙來後也驚嘆這建築，大小不一的石塊，中間插不到一張紙，所以沒有被破壞。

白基督像（Cristobal Blanco），在庫斯科北方小山丘上，可俯瞰整個庫斯科市中心，武器廣場，大教堂一纜無遺，視野超廣，最近生活在庫斯科近 1 週，觀察此地，覺得治安比利馬好，人民比較純樸，可以放心夜遊。

● 馬丘比丘 （Machu Picchu）

想一睹天空之城「馬丘比丘」的風采，先前有問過旅行社報價都是天價，1 日遊 300 美金左右，住宿家庭男主人說認識旅行社，230 美金不含餐，有英文導遊，我就週六參加，但當日要早起且晚回。

週六一早 3:00 起床，我整晚都睡不好，3:30 就有人來接我，4:00 坐上中型巴士，沿路有人上車，含司機共 13 人，近 2 小時到奧蘭泰坦博（Ollantaytambo），坐 6:10 火車（Expedition），買票時要附護照影本，搭乘時要檢查護照，搭 1 小時 30 分，火車票去程 53 美金，回程 55 美金，是經濟艙，國營事業壟斷，不便宜，不過還有提供飲料及小餅乾或點心，每車箱有 2 位服務員，算是服務不錯的火車。

1981 年祕魯列入馬丘比丘為歷史重要保護區，是印加帝國祭司、貴族鄉間修養所，就是現在所謂的渡假村，建城 30 年完成，後來 16 世紀與西班牙戰爭而放棄，從此古城消失在叢林。

馬丘比丘在庫斯科西南方，最高海拔 2,430 公尺，下俯瞰魯班巴河谷，落差 600 公尺，古城有神殿區、貴族祭司區、通俗區，有廟宇、公園、住宅、水源、梯田、茅草屋。很多建築是石塊砌成，中間不到 1 公分空隙，重 20 噸的巨大石頭如何搬運？如何堆砌？因印加帝國沒有文字，至今仍是謎！

◉ 故事分享：被丟包，在馬丘比丘

在奧蘭泰坦博（Ollantaytambo）站，在火車上認識中美洲瓜地馬拉的母女（Sandra&Anahi），媽媽和我同年，不太會說英文，都是女兒翻譯，從此我和她們結下良緣。

出火車站，到熱水鎮（Aguas Calientes）還要坐 15 分鐘大巴士前往世界新七大奇蹟之一的馬丘比丘，她們母女在 Ollantaytambo 住一晚，就沒那麼趕。在熱水鎮我的導遊居然說他不會說英文，交代旁邊會說英文的導遊帶我，除我外還有 5 位旅客，但左等右等，等不到，原來他們生病沒坐上火車。英文導遊要我自行坐上車，在馬丘比丘門口，由另一導遊帶我，結果我到門口，看不到我的導遊，詢問後才知他還在裡面帶團，要等 20 分鐘，有一善心導遊，請我加入另 10 人英文團，一波三折，總算跟上英文團。

　　團中有各國人，美國母子、加拿大男女朋友等，我們除了參觀古城，最高興得是還看到駝馬，也稱羊駝（Alpaca），大家搶著拍照。

　　馬丘比丘物價很貴，我帶麵包和蘋果、香蕉、水，但天氣太熱，只好買可樂，一中型杯要台幣 180 元，是我這一生喝到最貴的可樂。此時火車上遇到的母女，我們又碰面了，她們要下山至熱水鎮吃中餐，比較便宜，我們就一起搭巴士，進了印度餐廳，我不是很餓就點蔬菜湯（22sol），結果媽媽堅持要買單，我只好說謝謝，原來她是玻璃經銷商。

　　晚上 6:35 坐上火車，她們母女和我不同車箱，8:10 到奧蘭泰坦博（Ollantaytambo），下車後，我找不到拿著有標示我名字牌子的旅行社人員，母女也幫我找，再三確認，還是沒有，天色昏暗，我好害怕，這時這對母女，邀請我坐她們雇的私人導遊車子，終於 10:20 平安回到家，還不收我車錢，真是萬分感激，她們不但是我的貴人，也是恩人。

　　回家後問男主人說明，他晚上 9:30 沒等到我，也很擔心，電話查詢，旅行社說是沒寫我名字，但有叫名字，有一女子回答是她，我

說旅行社是在說謊，當時我也有聽他們喊名字，再確認標示牌，被丟包的感覺很害怕，所以便宜團費沒好貨，我得到教訓了，服務品質才最重要。隔天去旅館送行，並送上台灣鳳梨酥，她們母女要去利馬親戚家，約好請她們來台灣旅行，我也去她們國家玩，再續前緣。

◉ 旅遊資訊

● 高山症預防

　　高山症是因為低血氧而引起，通常都是因為身體適應高地環境的速度趕不上高度上升的速度所造成。剛飛庫斯科，我有輕微症狀是腹瀉，走路時頭暈，預防高山症方法，我在出國前有看旅遊門診，醫生開藥在上山前 1 天就開始服用丹木斯（Diamox, Acetazolamide），每天早晚服用，到不再上升的高度後，仍繼續再服用 2 天才停藥；庫斯科住宿家庭給我喝古柯茶（Coca Tea），我盡量慢慢走路，不跑步，調整呼吸。

◉ 【行旅情報】 ＊依當時匯率換算＊

南美航空：智利聖地牙哥→祕魯利馬→伊基多斯→利馬→庫斯科	
簽證：免簽證，可停留 90 天	
時差：祕魯比台灣慢 13 小時（-13）	
匯率：祕魯新索爾（sol）：新台幣 =1:10.31　美元：新台幣 =1:30.3	
住宿：Host Family、Lima Hotel、Iquitos Guest House	
馬丘比丘網址：www.machupicchu.gob.pe	

巴西 Brasil

第六站

　　總讓人聯想到森巴舞以及熱情的嘉年華，巴西是南美洲最大的國家，人口高達2.095億，面積更是851.5萬平方公里，為世界第5大國。

　　跟巴西有關的第一非常多，其擁有世界上面積最大的平原：亞馬遜平原，其上有世界上流量最大的河亞馬遜河，至於佔有世界雨林面積一半以上的亞馬遜雨林，更是大部分都位在巴西。另外，世界最大的高原，巴西高原，顧名思義，也是位在巴西。

　　巴西擁有遼闊的農田和豐富的礦產，首都為巴西利亞（Brasilia）。

◉ 故事分享：聖保羅機場尋女記

　　由 Iquitos 飛利馬，隔日上午 5:00 再飛庫斯科（Cuzco），要在機場和由台北來的女兒在我南美行最後一站巴西相聚，母女已隔 62 天未見面，在聖保羅機場女兒早到 1 小時，因 WIFI 不通，我的飛機臨時換了航廈，活生生上演尋女記，我心急如焚，後來求助諮詢服務台，2 小時後才見到面。母女在聖保羅小旅行後，再轉至里約熱內盧共度跨年。

◉ 重要景點

● 聖保羅（São Paulo）

　　是巴西及南半球最大的都市，市內人口超過 1,100 萬。南半球第 1 位，居世界 33 位的都市，為南美洲最富裕的城市，各式商品應有

盡有，但貧富懸殊及治安等城市問題亦相對嚴重，我們母女看到很多流浪漢在街道躺臥著，很感慨看到這城市的繁榮和髒亂，隨意拿起手機要拍照街景，好心的店家門口警衛提醒我們要注意安全及防偷搶手機，我們參觀了聖保羅大教堂、美術館及逛街吃喝小旅行。

● 里約熱內盧（Rio de Janeiro）

簡稱為里約（Rio），位於巴西東南部的城市，是巴西第 2 大城，僅次於聖保羅。面積 1,256 平方公里，人口 632 萬，風景優美，很多海灘，每年吸引大量遊客觀光，里約熱內盧港是世界 3 大天然良港之一，而基督像也是世界新七大奇蹟之一，曾是夏季奧運的主辦地。

※ 糖麵包山（Pão de Açucar）

是位於巴西里約熱內盧市瓜納巴拉灣中 1 座海拔 369 公尺的山峰，為里約的重要地標，糖麵包山之所以名為糖麵包山，傳說是早期先民們依它的形狀，有如 1 塊麵包頭，後來說是精製糖製作的傳統麵包而得名。

我們自助坐公車，直達糖麵包山，公車有車長小姐或先生，票價便宜，里約熱內盧公車有超過 440 線，若不是當地人，實在會讓人搞不清楚。

到達糖麵包山時已下午，天氣高溫 32℃，有賣傘的、賣帽子、

● 糖麵包山

賣冰及賣礦泉水的攤販，受不了高溫，我們買冰棒解渴，母女還笑談可到里約來賣飲料或賣冰，保證賺錢。

　　排隊 2 小時 30 分，終於買到票，要 62 巴幣，坐上纜車，車子很新，可容納 65 人，有司機，差不多 10 分鐘就到達，先到 1 個似躺著的法國麵包山，可 360 度欣賞全市風光，一覽海灘、建築、機場等，在那裡吃中餐，人潮擁擠，等了 40 分鐘，飯後還坐另 1 小段的纜車到似站立著的麵包的 1 座山，高度近 400 公尺，看夕陽西下美景，雖苦苦排隊，腳好酸好痛，總算不虛此行！

※ 馬拉卡納體育場—南美最大體育場

　　這是南美最大體育場（Estádio do Maracanã），正式名稱為馬里奧‧費勞體育場，是位於巴西里約熱內盧市的 1 座多功能體育場，可容納 8 萬名觀眾。

　　該體育場是為 1950 年世界盃足球賽而興建，也是為 2013 年聯合會盃及 2014 年世界盃比賽場館，是歷來第 2 座舉辦兩屆世界盃決賽的球場，以及 2007 年泛美運動會比賽場館，2016 年里約熱內盧奧運開閉幕禮以及足球比賽場館，同時亦是里約奧運的主場館。

※ 救世基督像（Cristo Redentor）

在巴西里約熱內盧的最後 1 天，我們決定跟團去看有名的耶穌像（Cristo Redentor），因先前去糖麵包山排隊排怕了，雖然每人要 130 巴幣，超貴，但時間有限，也不得不跟團了。

一早出門，經過貧民區，導遊讓我們下車俯瞰拍照，據說里約有 900 多個貧民窟，住了二成人口，一般可跟團去瞭解巴西人民，繁華生活背後的生活。據我認識的朋友說，他參觀過，其實沒那麼窮，我觀察里約，也比聖保羅流浪漢少很多，這裡觀光客多，隨便做生意，當攤販賣東西，就能餬口。

導遊說要換專車排隊上基督山，我們排了 1 小時 30 分，下午 4:00 才上車，小車只能容納 13 人，有 10 幾部，可見超賣車票好幾倍。約 15 分鐘就到科科瓦多山頂，名駝背山，因有耶穌像而又名基督山，整座山都是森林，海拔 2,300 多公尺，高 700 公尺。

我們終於看到耶穌像，1926 年為建國獨立而建，1931 年完成，耶穌像高 38 公尺，寬 28 公尺，1,145 噸。此地又是人潮洶湧，擠到寸步難行，何況是要照相很難取景，但大家都很興奮，終於與耶穌同在，而且能俯瞰整著里約，比糖麵包山還高，前幾天在糖麵包山或里約街上，都遠遠看到耶穌像，今天終於親眼近距離觀賞巨大的神像。

故事分享：璀璨煙火，擁抱女兒一起跨年

● Copacabana 海灘跨年

里約熱內盧里約有海灘大小 30 幾個，母女坐上捷運至 Copacabana 海灘，它是施放跨年煙火的地方，呈新月形，是巴西最長的海灘，每年在這舉行跨年 Party，有舞台表演及盛大煙火秀。我們晚上 6:00 到達，夕陽正西下，溫度 40℃，很多民眾在游泳，衝浪，戲水，天氣實在熱到爆，在來海灘的捷運上也看到許多直接穿著比基尼的美女。

路旁很多賣鮮花、白色衣服及閃亮杯等攤販，人們穿上白色衣服，放鮮花流向大海，代表舊的霉運離開，新年好運來！

吃完晚餐，隨人群走到海邊，看到 10 幾艘輪船，停在海中間，很亮眼，另一邊是聳立的大樓，隱約看到人影晃動，聽說有錢人可在郵輪上或高樓上舉行派對，吃吃喝喝，等待欣賞煙火秀，我們一般人就在海邊苦等，游泳、唱歌、聊天及躺在沙灘上，看著天空自娛。

等待 4 小時後，終於 12:00，海上 10 多艘船隻開始施放煙火，非常璀璨、炫耀，有紅色、金色、藍色、紫色、綠色等不同顏色及各式花樣，笑臉從空中墜落海上，應該是我此生第 1 次見到這麼壯觀的煙火秀，還持續近 20 分鐘，很震撼，也很感動，我與女兒擁抱，互道新年快樂，祝福彼此。

里約熱內盧有很多景點，城市給我的感覺很燦爛、很陽光、很繁華，深受遊客喜愛，我與女兒雖浪費很多時間等待或排隊，但共同的想法是值得一遊的好地方。

在南美 70 天的旅行，我都受到很多人幫助，不論是路人、警察、學校、住宿家庭、朋友、貴人及恩人，讓我化險為夷，平安渡過，也結交了好朋友，大家都在認真的生活，熱心的幫助別人，我也將用此善心，幫助別人！

◉ 旅遊資訊

● 傳統巴西美食

有一天進餐廳，我們說要吃當地傳統美食，送來是黑豆熬煮肉及香腸，黑漆漆一鍋，還有像麵茶粉的食物是配肉吃，還有豬皮、炸馬鈴薯片、水果青菜，很特別的味道，豆子燉肉（Feijoada）是巴西熱門的傳統美食。

為了等待跨煙火秀，找了一家餐廳，吃有名的巴西烤牛排，真是鮮嫩多汁，美味可口，堪稱一品國菜的烤牛肉，是巴西的著名風味菜餚，比起阿根廷的原味帶骨烤牛排，我更愛巴西牛排。

◉ 【行旅情報】　　　　　　　　　＊依當時匯率換算＊

南美＋巴西航空：祕魯庫斯科→利馬→巴西聖保羅→里約熱內盧	
簽證：辦理簽證，可停留至多 90 天	
時差：巴西比台灣慢 11 小時（-11）	
匯率：巴西雷阿爾（BRL）：新台幣 =1:12.36　　美元：新台幣 =1:30.3	
住宿：Paulista Hotel、Pompeu Hotel	
基督山網址：www.rio.com/tours-attractions/corcovado	

烏拉圭 Uruguay 　　　　第七站

雖然在國人印象中，烏拉圭是個很少出現在媒體的國家。但其實在拉丁美洲諸國中，烏拉圭在民主制度以及政府清廉度，甚至包含新聞自由都是南美洲最優的。其中產階級富裕程度，也位居南美首位。

烏拉圭人口 344.9 萬，其中近 180 萬居於其首都和最大城市蒙特維多（Montevideo）及其都市區。領土面積僅為 17.6 萬平方公里，在南美洲是比較小的國家。

⚜ 故事分享：順路旅行又增添一國

在阿根廷很容易拿到烏拉圭簽證，我搜尋一般網路，有人說只要強調是台灣人，最多 1 小時就能拿到簽證，中國大陸人或許要 20 天。

官網寫著只要準備護照及影本及照片，我還準備存款證明，離開的機票，沒有來回烏拉圭的船票，心想若先買船票，沒拿到簽證，那就泡湯了。烏拉圭近在咫尺，臨時想順路旅行，我環遊世界的目標是 100 個國家，又可增添 1 國，兩全其美，就姑且一試。

到達烏拉圭大使館，1 樓有人排隊，雞同鴨講一番，要我上 4 樓辦簽證，我就對 2 位官員大聲說我是台灣來的，我要辦簽證，他們要我坐著排隊等候，我前面有一菲律賓男學生，來 4 個月讀西文，上個月辦簽證，來拿簽證，結果他拿不到，要他下月再來，很無耐的走了。

輪到我時，要我交出護照及影本、照片，官員問我職業，我說退休了，還問我單身還是已婚，他電腦打好資料後，印出簽證表，要我核對資料後簽名，到 1 樓繳費 357pesos（超便宜）後，再上樓，黏貼簽證，前後只花了 15 分鐘，效率快到不可思議，對沒有邦交的

烏拉圭，我要給它按 100 個讚！

🏵 烏拉圭科洛尼亞世界文化遺產行旅

週末，搭船去烏拉圭一遊，向旅行社訂好行程，320 美金，好貴，含船票，午餐、接送，旅行社給我安排個人導遊。

到了碼頭，像坐飛機一樣，要 check in，拿船票、過海關，比較特殊的是官員有 2 位，1 位是阿根廷，另 1 位是烏拉圭的，對我初次入境，特別花時間審查，還照相存證。登船後，導遊說明我們是坐可容納 900 人的郵輪（Ferry），有分商務艙和經濟艙，船上有免稅店，有很多人在買化妝品。接著介紹拉普拉塔河（Rio de la Plata）是二國河流，長 290 公里，寬 220 公里，世界最寬的河流，最後流到大西洋。

1 小時後，來到烏拉圭最古老的城市科洛尼亞（Colonia），1995 年，科洛尼亞被聯合國教科文組織列入世界文化遺產。所有建築有葡萄牙及西班牙式的，由於二國從 16 世紀開始打仗，輪流佔領統治，最初是葡萄牙殖民地，最後 19 世紀是西班牙的，所以目前民眾是說西班牙語的。

所有建築很明顯分二類，葡式是瓦片、磚牆，很多是紅色房子，西式是白屋，地上很多是鵝卵石舖的。

　　我參觀了舊燈塔（El Faro），是於 1857 年用聖佛朗西斯修道院（Convento de San）遺址的石頭堆砌而成燈塔外圍牆、古城門（Puerta de Campo），吊橋是葡萄牙人建於 1745 年，當時是古城唯一入口）還有大砲及教堂（Iglesia Matiriz）建於 1695-1699，是烏拉圭最古老的教堂。這裡很安靜，有些綠樹林，紀念品商店很少。河邊有很多私人帆船，都是有錢人來此渡假，有許多人在釣魚。

　　今天額外收獲是請教導遊西文，他也樂當我臨時家教。因時差 1 小時關係，回到阿根廷布宜諾斯艾利斯的碼頭，夜晚顯得更美麗。

◎ 旅遊資訊

　　我國在烏拉圭未設館處，相關事務由駐阿根廷代表處兼轄。

◎【行旅情報】

＊依當時匯率換算＊

簽證：辦理簽證，可停留至多 90 天	
時差：烏拉圭比台灣慢 11 小時（-11）	
匯率：烏拉圭披索（UYU）：新台幣 =1:0.68 　　　美元：新台幣 =1:30.3	
交通：郵輪	
渡輪網址：coloniaferry.com	

壯遊 Chapter 3

農曆春節
南印度洋四島國
郵輪之旅

故事從冒險脫隊開始

神秘的非洲跨年之旅

　　農曆春節，是闔家大小團圓的日子，經過內心掙扎，選擇在國人最重視的節日，前往嚮往多時的神祕非洲旅行，先參加了印度洋四島國豪華郵輪之旅（馬達加斯加、模里西斯、法屬留尼旺、塞席爾是印度洋四大明珠），心想一趟飛機到了非洲，如果就這樣短暫的 14 天郵輪之旅，機票很貴，我不趁機安排多點旅行，是有點可惜的，所以有冒險精神的我，脫隊前往肯亞、埃及，將一覽埃及古文明及獵遊肯亞動物，計畫了 32 天 6 國跨年之旅。

2019 年郵輪南印度洋 14 天 13 夜行程表		
1 月 19 日	21:00	離開模里西斯路易港
1 月 19 日	08:00	到達塞席爾維多利亞港
1 月 24 日	13:00	離開塞席爾維多利亞港
1 月 26 日	08:00-19:00	到達及離開馬達加斯加諾西貝港
1 月 27 日	08:00-18:00	到達及離開馬達加斯加迪耶果蘇瓦雷斯港
1 月 29 日	07:00-14:00	到達及離開馬達加斯加塔瑪塔夫港
1 月 30 日	13:00	到達留尼旺聖丹尼斯港
1 月 31 日	19:00	離開留尼旺聖丹尼斯港
2 月 1 日	08:00	到達模里西斯路易港

本篇先介紹郵輪之旅，下一篇介紹非洲文化之旅的部分。

雖然我喜歡自助旅行，不喜歡跟團，說實在要短時間跳島自助旅行，困難度高，經社區大學陳美筑老師帶領 6 位台灣團員，只買了機票及船票，算是半自助的郵輪之旅。

郵輪是吃喝玩樂的好地方，不用拉好重的行李，還能穿禮服，優雅的品嚐各國美食美酒，欣賞海上風光，船上設施完備，節目豐富，游泳、健身、跳舞、看表演、做手工藝及聽旅遊演講等，許多岸上觀光行程可自由選擇，另要付費或選擇陳老師安排的當地團，但整體來說，豪華郵輪旅行，雖然船票有點貴，但在船上豐富的吃喝玩樂全包，值得細細回憶。

位於印度洋的西南方，總面積只有 2,040 平方公里，人口亦僅有 136.4 萬。模里西斯，是個比較與世隔絕，以生態著稱的迷你國家。

曾經這裡是渡渡鳥的主要棲息地，可惜渡渡鳥如今已經滅絕。但模里西斯，依然擁有許多珍稀的鳥類，此外，海岸線上有著綿延 150 公里的白沙灘，整座島被世界第 3 大的珊瑚群環繞。

首都是路易港（Port Louis），該國人口只有 14.8 萬，目前該國主力朝旅遊觀光產業發展。

故事分享：與 Day Host 夫婦相見歡

路易港是模里西斯的首都和主要港口，對於熱愛購物的人來說，模里西斯首都路易斯港是走過路過千萬不能錯過。這裡最值得一逛的是中央市場（Central Market），有特別的香草味紅茶、工藝品以及印度香料。

我們的郵輪就在路易港啟航，報到出航前，我在台灣就已先約了 Servas 會員 Day host Rey and Marie 夫婦在路易港見面，白天導覽，天氣很熱，約 30℃，他們帶我去水岸碼頭美食街吃中餐，夫妻中太太 Marie 是法國人，有孩子、孫子，先生 Rey 是當地人，祖父是印度人，點了印度餐，算是當地餐的烤餅豆子和魚，我送上鳳梨酥。餐後帶我至 1814 年起經年修復的最古老的大教堂（St Louis Cathedral）及附近雕像公園散步，模里西斯小學至大學學費及公立醫院醫療免費，目前夫妻都退休，喜歡旅行，我已隔 3 年沒有出國，很擔心英文退步，無法溝通，Rey 突然說到達賴喇嘛來過模里西斯時，一時我聽

不懂，請其重複說，我也說明達賴喇嘛也曾到過台灣，而後我歡迎夫婦來台灣旅行，短暫的會面，彼此相談甚歡，可惜我要急著上郵輪報到了，無法再深聊。

◉ 重要景點

● 龐普勒穆斯皇家植物園（Royal Botanical Garden of Pamgoolam）

是世界上知名的大型植物園，園區位於模里西斯島北部，占地2,428公畝，園內引進了許多珍貴的熱帶植物和動物，棕櫚樹熱帶樹就有500種，其中最引人入勝的便是世界上最大的睡蓮——亞馬遜睡蓮，這種睡蓮可以承載住一個嬰兒的重量。

● 阿德萊（女王）城堡（Fort Adelaide）

海拔 73 公尺，建於 1834-1840 年，眺望印度洋，主要是保護港口，讓英軍隊不被攻擊，從堡壘可遠眺我們搭乘的歌詩達郵輪。

● 陳美筑提供

● 七色土

1960 年發現在南部的夏瑪爾高原七色土（Hamarel Seven Coloured Earth），火山噴出熔岩灰燼，經雨水沖刷，原來石頭中物質沖刷出，留下金屬礦物水晶殘留，腐蝕出七彩泥土（紅、棕、藍、紫羅蘭、綠、紫、黃）。在此有看到 4、5 隻象龜，還觀賞黑河谷國家最高峰，有 3 條斷崖大瀑布約 100 公尺（Chamarel Waterfall）。

● 格朗池（Grand Bassin）

又名聖水湖，位於模里西斯南部兩座青山之間，是由火山噴發形成的天然湖泊。聖水湖湖水乾淨清澈，四周的山和植物倒映在翠綠的湖水中，安靜而優美。湖畔建有 1 座祭祀 Ganda 女神的印度廟，也是除印度本國以外最大的 1 座印度廟。

這裡是模里西斯印度信徒的聖地，湖中的水被視為與印度恆河相通，是聖水。他們在這裡拜祭、為嬰兒洗禮，還打聖水回家作祭祀用途，每年的「濕婆節」慶典也相當宏大。聖水湖前有 1 座全世界第 2 大尊的印度濕婆雕像，湖中也有幾個印度教神像。

❋ 旅遊資訊

● 暈車暈船預防

　　暈車藥一般有分口服和貼片等劑型，口服建議為搭乘前 30 分鐘至 1 小時服藥，貼片至少搭車前 4 小時貼於身體，如耳後等較無毛髮之處，我平日有暈車暈船現象，曾使用貼片，這次出國前於藥局購買不含抗組織胺的良苦鹼藥物（Scopolamine），於搭船前 1 小時吃。後來吃了 2 天，風浪小，沒暈船，就停吃了。

❋ 【行旅情報】　　　　　　　　　＊依當時匯率換算＊

國泰＋模里西斯航空：台灣桃園→香港→模里西斯路易港
簽證：落地簽證，可停留 60 天，簽證免費
時差：模里西斯比台灣慢 4 小時（-4）
匯率：模里西斯盧比 （MUR）：新台幣 =1:0.7343 　　　歐元：新台幣 =1:36.3
住宿：歌詩達郵輪
Costa cruise 網址：www.costacruises.com
七色土網址：www.tourism-mauritius.mu/en-int/7-the-7-coloured-earth-chamarel

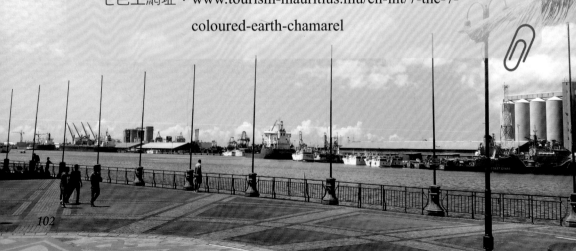

塞席爾 Seychelle

在台灣，相信就連旅遊經驗豐富的達人，也不一定聽過塞席爾這個國家，其位於非洲東部，是印度洋中 1 座島國，面積只有 456.6 平方公里，人口連 10 萬都不到。國土的組成，主要為花崗岩島和珊瑚島，一般人民以農漁業為生。首都維多利亞（Victoria）。

◉ 重要景點

● 馬埃島（Mahé Island ）

是塞席爾最大的島嶼，也是其首都維多利亞的所在地，其面積 155 平方公里，人口約 8 萬人，當地團 1 日遊 95 歐元，從港口（New Port）出發，看到明顯標的英式鐘樓地標（大笨鐘），再去看印度廟，逛傳統市場，有很多香料（香草莢）及水果，品嚐一下美味的鳳梨釋迦。

● 陳美筑提供

國家植物園（National Botanical Garden）有 202 公畝地，1 世紀前就有此園，有很多椰子樹，另看到黑奴小學廢棄遺址，1835 年英國廢奴，送至維多利亞，教會建學校供應學生讀書，還有維多利亞觀景台，可觀看印度洋。

● 普拉斯蘭島（Praslin Island），傳說中的伊甸園

1 日遊團費 230 歐元，可遊普拉蘭和拉迪格 2 島。

普拉斯蘭島（Praslin Island）為塞席爾第 2 大島，歐洲人盛傳找到了傳說中的伊甸園（The Garden of Eden）。Anse Lazio（拉齊奧）是碧海白沙灣，是最漂亮的海灘之一，也是重要的旅遊勝地。以盛產「海椰子」聞名，該島人口約 6,500 人，面積 38 平方公里，先去參觀五月谷（Valle de Mai），這是 40 年代莊園，1966 年立為國家公園，1983 年聯合國教科文組織命名為世界最小的自然遺產，面積只有 19.5 公頃。因其中 7,000 多棵海椰子樹而聞名於世。海椰子樹（Coco de Mar）是國寶，旅客攜帶海椰子出境，需要先申請許可世界在此地僅有，海椰子雄性的棕褐色果實像男性生殖器，雌性像女的像臀部。

● 拉迪格島（La Dique）

　　是塞席爾第 4 大島，為有人居住的島，位於普拉蘭島東面和費利西泰島西面，島上人口約 2,000 人，面積 10 平方公里，其海灘最為著名。

　　坐船到該島換搭乘遮棚雙條車，該島只有牛車和自行車，參觀民俗莊園（Union Estate）椰子加工場，椰子殼可當衛生紙及燒火或蓋房子。銀泉灣（Anse Source d`Argent）海灘有很多大小石頭，是千萬年花崗岩美景的海灘，世界環球小姐比基尼泳裝項目在此取景，2011 年世界地理雜誌，評為世界 10 大最美海灘之首。

● 馬埃島維多利亞觀景台俯瞰印度洋

◎ 旅遊資訊

● 南印度洋四島國郵輪之旅，若有需要簽證的國家，採落地簽證，船公司會通知收護照辦理及填報健康聲明書、下船要攜帶護照及還回護照。

◎ 【行旅情報】　　　　　　　＊依當時匯率換算＊

簽證：落地簽證，可停留 30 天

時差：塞席爾比台灣慢 4 小時（-4）

匯率：塞席爾盧比（SCR）：新台幣 =1:1.67
　　　歐元：新台幣 =1:36

住宿：歌詩達郵輪
　　　Botanical Garden

網址：seychellen.com/seychelles-national-botanical-gardens

● 銀泉灣

馬達加斯加 Madagascar　第十站

相信許多人對馬達加斯加的認識，植基於一部同名動畫電影，也如同該電影所描繪的，馬達加斯加的一大特色，就是擁有種類繁多的動植物，其中甚至有 80% 是馬達加斯加特有種。

以自然生態為號召的馬達加斯加，領土包含世界第四大島，亦即馬達加斯加本島，周邊尚有許多個小島。其位在非洲東南部近海，人口剛超過 2,600 萬，其中 90% 日均收入不到 2 美元。首都為安塔那那利佛（Antananarivo）。

❂ 重要景點

● 諾西貝島（Nosy be Island）

抵達時，郵輪統一辦落地簽，一般要 8 萬馬幣 MGA（但郵輪不須再收費用，帶護照下船，回來再還）。

沿路要去熱帶雨林，有變色龍，綠色是公的，粉紅色是母的，顏色很鮮艷，我們拿著小樹幹，讓變色龍爬著，感覺很嚇人。

● 鍾文宸提供

　　坐上 5 人獨木舟，前往 LOKOBE 熱帶雨林徒步去看狐猴（Lemur），還有鮮艷的黃綠色青蛙，都是馬達加斯加獨有的動物。村莊有瘤牛，它是 1 種肩部長肉瘤的黃牛亞種，原產於印度。狐猴種類多，躲在樹林上，不容易拍攝，有時當地人會抓來，讓觀光客觀賞，灰黑色的竹狐猴，小隻的是鼠狐猴，黃白色是褐狐猴。

● 迪耶果蘇瓦雷斯（Diego Suarez）

　　參加岸上觀光半日遊，繞著海灣，看到海中央有個無人島，稱為麵包山，再前往法國山，見到兩棵猴麵包樹（Baobab Tree），它是只能在馬達加斯加看的到的獨有植物。還有前往鱷魚植物園，觀賞鱷魚，又至文化村喝飲料、吃水果、看海景，郵輪岸上觀光行程很貴（60 歐元），這已算是最值得的行程。

● 穆隆達瓦猴麵包樹大道

● 鍾文宸提供

● 猴麵包樹

● 塔瑪塔夫（Tamatave）

　　抵達時需辦簽證（帶護照），運河泛舟需付 85 歐元的岸上觀光費，馬達加斯加有很多豐富的自然生態，看見世界稀有的狐猴及猴麵包樹，還去了文化村，每家父母都帶著精心打扮的孩子，爭取遊客小費，連剛出生 2 週的嬰兒都被父母抱出來，小朋友是天真無邪，微露出疲憊，表演後要小費。在採購完畢，上車離開時，看著小孩們不斷拍打著車窗乞討，旅行在這世界最貧窮的國家之一，心中很心酸，有無限感慨。

◉ 旅遊資訊

● 黃熱病及瘧疾預防

馬國規定：外國旅客於入境馬國前 6 天，倘曾於黃熱病（Yellow Fever）疫區國家停留，則入境該國時須繳驗黃熱病疫苗施打證明。我出國前看了旅遊門診，打黃熱病疫苗，終身免疫。

南美洲及非洲很多國家是瘧疾疫區，所以我選擇的瘧疾藥物美爾奎（Mefloquine），每週 1 次，出發至南美秘魯亞馬遜及馬達加斯加，前 2 週開始吃藥，中途國家仍要吃藥，回台後續吃藥 4 週，跟食物一起服用，並且喝大量的水。

攜帶含 DEET 或 Picaridin 之防蚊液，晚上外出，著淺色長袖衣褲，裸露部位噴防蚊藥劑。

◉ 【行旅情報】   ＊依當時匯率換算＊

簽證：落地簽證，可停留 30 天	
時差：馬達加斯加比台灣慢 5 小時（-5）	
匯率：馬達加斯加阿里亞里（MGA）：新台幣 =1:0.01	
歐元：新台幣 =1:36.3	
住宿：歌詩達郵輪	
網址：www.britannica.com/place/Madagascar	

留尼旺 Réunion 　第十一站

位於印度洋西部，距非洲第 1 大島馬達加西加 650 公里，留尼旺，是個火山島，面積 2,512 平方公里，人口 86 萬。雖然人口不多，但相對於那麼小的面積，人口密度是偏高的。

如今的留尼旺，是以觀光著稱，其遺世獨立的美景，並有高達 40% 的國土被列為世界文化遺產，有小歐洲之稱，是法國屬地，西方人的渡假勝地。首都為聖丹尼斯（Saint Denis）。

🏵 重要景點

● 歷史博物館

（Museum de Villele）

郵輪 WIFI 很貴，250MB 要付 35 歐元，為聯絡 66 歲 Servas Day host Mikaela 只能花錢，我們約在聖丹尼斯港口（St.Denis Le Port）見面，她忍著腳痛，開車帶我去聖吉

爾萊豪斯（Saint-Gilles-les Hauts）的博物館，是昔日殖民地莊園，展出私人生活設施，主人及黑人奴隸的紀錄，業主的房子，座落在1個大型植物園中間，先後屬於德斯巴辛家族和維萊爾家族，住到1927年。主要展覽18和19世紀的奴隸為其工作情形及家庭歷史，博物館成立於1976年。

接著去濱海公園看印度洋日落，Mikaela是法國人，母語是法文，英文不好，她説需要使用Google翻譯，我説我也一樣，結果我們並不需要翻譯機，也可以很開心的溝通，完成最短暫的文化交流使命。

● 薩拉齊火山圈和瀑布（The Volcanic Cirque of Salazie and The Waterfalls）

※ 薩拉齊瀑布

沒有時間去參觀南部活火山，就參加薩拉齊火山圈岸上觀光半日遊，需70歐元，留尼旺有300條瀑布，其中薩拉齊（Salazie）有100座，繞著山路，看到細長深峽谷及冰斗凹地，最長瀑布（300-400公尺）是鐵洞深淵瀑布（Le Trou de Fer），高聳山壁，有著多條細小瀑布流淌而下，冰斗是一種三面環以峭壁、呈半圓形劇場形狀的窪地被茂密的森林植被包圍，則散佈著眾多的瀑布，在藤蔓與岩石間飛馳而下。

※ 安德烈（Andre）香草種植園

　　這裡依蘭花香草植物可提煉成依蘭花精油（Ylang flower oil），當時已過開花期，只看到綠油油香草樹，有小型加工廠，聽了解說精油製造過程，是當地特產，現場有賣精油。依蘭精油有強大的安撫效果，能排解焦慮等負面情緒，帶給人幸福愉快的感覺。

◉ 旅遊資訊

　　● 簽證證件要求比照進入歐盟地區辦理，我國免簽證。大多留尼旺島的食品進口自法國，該島是法製精油與香水的產地。

◉ 【行旅情報】　　　　　　　　　＊依當時匯率換算＊

　簽證：免簽證，每 180 天期間內，歐洲申根國累計停留 90 天

　時差：法屬留尼旺比台灣慢 4 小時（-4）

　匯率：歐元：新台幣 =1:36.3

　住宿：歌詩達郵輪

　網址：www.insel-la-reunion.com

壯遊 Chapter 4

非洲
文化交流之旅

肯亞 Kenya

　　非洲擁有超過 50 個國家，許多都是國人較少聽過的。但無論如何，大部分人都一定聽過肯亞。主要原因有三，第一，肯亞是動物王國，也是世界知名的狩獵天堂，第二，肯亞出跑者，經常聽到長跑冠軍選手是肯亞人。第三，也是跟所有人都息息相關的，肯亞是人類文明的發源地。

　　肯亞，面積約 58 萬平方公里，人口約 5,139 萬。首都是奈洛比（Nairobi）。

🌐 故事分享：四天三夜 Servas 家庭

　　住在肯亞首都奈洛比 Servas Host 的家庭，會員 Michelle 是妹妹，住在姐姐家，當初我 E-mail 她，她問姊姊後爽快答應我入住，還有小外甥和外甥女住在一起，我和大孩子玩拼元宵小花燈，隨保姆帶小女孩一起去參加幼兒園上課玩遊戲活動，還有家中小姑帶我逛超市、傳統市場，我則買了醬油、醋、雞肉、豬肉及粉絲，準備廚藝交流。

● 與 host 合影

第 1 天晚上 Michelle 做了牛骨丁炒青菜，教導我初體驗用手抓飯菜的習俗，飯是主食，稱為烏加黎（Ugali），看起來是玉米糊，由玉米、小米及高粱做成的，用手抓牛肉、青菜、Ugali 一起吃，真正體驗當地生活。隔日我則做了螞蟻上樹和糖醋雞丁，家中廚娘也跟我學習台灣菜，還幫我洗衣服，這裡缺水很嚴重，需要愛惜使用。

以往我看到黑人，總是退避三舍，這次接觸到這大家庭，有姊妹、孩子、小姑、保姆、廚娘、司機，他們分工和樂融融，彼此交談後，讓我放下心防，深刻體會世界各種族應平等對待，不能有歧視的心態及行為。

結束旅行要離開，Host 幫我叫 Uber 至機場，比計程車便宜太多，只需 10 美金，廚娘說肯亞待遇太少，1 個月只有 100 美元，我送她 10 美元，感謝她的協助，她要了我的電話及地址，希望來台灣找工作，但 Michelle 自己申請要去瑞士同學家旅行，簽證都沒有通過，更何況要去遙遠的台灣。

● 烏加黎（Ugali）主食

【備註：Servas，簡稱「國際交換住宿組織」，是非營利性的非政府組織（NGO）；是深度自助旅行者的交流平台，由接待者（Host & Day Host）和旅行者（Traveler）組成，接待者帶領旅行者認識在地城市文化、入住家中，以讓不同文化和背景的人士之間有個人接觸的機會，建造一個互相瞭解，彼此尊重的世界，實現世界和平的目標。】

✿ 重要景點

● 長頸鹿收容所講座

● 長頸鹿收容中心（Giraffe Center）

收容中心位於奈洛比，成立的目的，主要是希望透過近距離餵食長頸鹿的活動，讓當地小孩和觀光客瞭解這個世界上最高的生物。主要有 1 棟兩層樓的建築物，遊客可以近距離觀察長頸鹿，同時可以領取免費的飼料餵食長頸鹿，我看到 5 隻長頸鹿，也親手體驗餵食。2 樓有長頸鹿展覽及講師說明長頸鹿生態史。

● 奈洛比國家博物館（Nairobi National Museum）

博物館從肯亞的歷史、民族風俗、裝飾藝術等多個方面展示著自己獨特的歷史人文風貌。介紹海洋生物、飛禽走獸的進化演變、博物館裡的各種動物標本十分豐富，最讓人印象深刻的是多達 900 多種的鳥類標本展出和距離現在 320 萬年到 360 萬年的古人類頭骨的化石（北京猿人是距今 50 到 70 萬年），號稱鎮館之寶，距今 160 萬年的「圖爾卡納男孩」古人類化石，是世界上迄今為止最完整的的人類化石。

✿ 動物世界主題之旅：馬賽的有斑點大草原及納庫魯湖國家公園

● 馬賽馬拉國家公園（Masai Mara National Park）

※ 馬賽馬拉獵遊（Masai Mara Safari）

馬賽馬拉原意是「馬賽的有斑點大草原」，是屬於馬賽人廣大牧遊地區的一部分，馬賽馬拉國家公園是東非最大的動物保護區，奈洛比至馬賽馬拉保護區約 6 小時車程，國家公園建於 1961 年，保護區跨越鄰國坦尚尼亞（Tanzania），面積 1,510 平方公里，園內擁有 95 種哺乳動物和 450 種鳥類，自然資源豐厚，野生動物十分多樣。

導遊開著吉普車，載著 7 位旅客，有來自澳洲、越南、西班牙、日本的旅客和我，夜宿公園外的現有帳篷區。在馬賽馬拉國家公園顛簸的泥路上，頂著烈日，辛苦地尋找動物的蹤跡，終於獵遊了無數動物－獅子、犀牛、斑馬、河馬、鱷魚、羚羊、豹、大象等動物，就是沒有看到老虎，它原本是利用茂密的叢林作掩護，而廣大的非洲草原卻要改變老虎最原本的狩獵方式，不易生存繁殖，所以未見到老虎。

吉普車行經大峽谷，看到河馬和鱷魚，可惜不是 7、8 月動物大遷徙的時間，無法看到千軍萬馬的景象，只能辛苦地找尋動物的蹤跡，我們在大草原上很浪漫的觀賞日出及夕陽美景，有 1 天還在草原上悠閒的享受野餐，雖然有點忐忑不安，導遊要我們別擔心，還曾遇見獅子活生生吞食羚羊的驚險情景，這都是難得的經驗。

※ 馬賽人文化村（Maasai Cultural Village）

來到馬賽人文化村，族人熱情迎賓，與遊客共舞，我也被披上紅格子披風，拿著棍子一起跳迎賓舞。

其實棍子是趕牛的，鮮艷的披風，若穿的花色一樣，可以辨識為同宗兄弟姊妹，先參觀鑽木取火，接著是土屋，沒有電燈，黑暗中只好用手機的手電筒觀看。廚房有鍋碗，還有睡的地方，都是由泥土及茅草蓋的，很簡陋。

走出屋後，住家開始賣東西，金屬手環，喊價 70 美元，後來我以 30 美元成交，看起來很貴，我心裡想著就當是在做善事，接著到當地小學參觀，在我生日這天，我捐獻些許美金現鈔給 Oloolaimutia 小學，在遙遠的非洲，雖沒有任何慶生方式，也沒有告訴任何人當日是我生日，但日行一善是最好的慶生了。

● 納庫魯湖國家公園獵遊（Lake Nakuru National Park Safari）

納庫魯湖，有一大群成千上萬水鳥和粉紅色的火烈鳥（Flamingos）棲息在湖邊，非常壯觀，可惜是保護區不准人們接近，鳥類又離太遠，需要望遠鏡及單眼相機捕捉畫面。在周邊草原看到長頸鹿、犀牛及大象等動物，一對西班牙情侶和我三人行繼續隨著導遊獵遊，一邊聽著導遊述說著犀牛追人的故事。

● 馬賽人

● 陳美筑提供

● 納庫魯湖國家公園

旅遊資訊

　　● 肯亞禁止生產、販賣、進口、使用塑膠袋，入境肯亞旅客所有之塑膠袋，均須留置於機場，不得攜出。

【行旅情報】　　　　　　　　　　＊依當時匯率換算＊

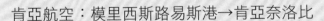

肯亞航空：模里西斯路易斯港→肯亞奈洛比

簽證：電子簽證，可停留 30 天

時差：肯亞比台灣慢 5 小時（-5）

匯率：肯亞先令（KES）：新台幣 =1:106.13
　　　美元：新台幣 =1:30.5

住宿：Servas Host Family、Decasa Hotel、Masai Mara Camp
　　　Matfarm Hotel

馬賽馬拉網址：www.eliteholiday.com.tw/KQ_Masai_Mara_
　　　　　　　NP.html

說起金字塔，幾乎無人不知無人不曉，就算是幼年孩童，也都知道非洲有個埃及，那兒有很多金字塔，還有獅身人面像。

埃及是人類文明古國之一，也在近代史中扮演關鍵的角色，自古以來，尼羅河流域就是東西方文明接觸的前哨站。地理上，埃及也是少見的同時橫跨非亞二大洲，不過主要的國土還是在北非。埃及面積面積為 100.1 萬平方公里，人口 9,842 萬。是東北非人口最多國家。

首都開羅（Cairo），也是許多著名歷史事件發生的地方。

🏵 故事分享：一人臥舖經驗

初次從開羅坐臥舖火車到東南部路克索，覺得很新奇，我是坐 1 人臥舖，巧遇高雄新婚蜜月夫妻，住在隔壁車廂，2 人臥舖是上下舖單人床，比較擁擠。

下車後，我卻遭遇無人來接車的窘境，我也沒買埃及 Sim 卡，商請高雄夫妻的導遊協助，輾轉聯繫開羅旅館，終於有計程車司機來載我，劈頭問我去哪裡？我以為旅館負責人已聯絡好，所以我也不知地點，只知是有游泳池旅館，是開羅老闆的連鎖民宿，司機載我去了

某旅館，館員說我未登記，司機使用旅館電話，打回開羅問清楚，後來 10 分鐘後民宿導遊和司機出現，說明是火車早到 30 分鐘，沒接到我，其實是開羅老闆同時聯絡計程車司機及民宿接我，這次的烏龍事件，提醒我以後旅行要記住詳細住宿地點及聯絡人。

◎ 故事分享：學做埃及宴客菜

嘉女高中馮孝英學姊的先生是埃及人，到了開羅學姊的家，她找來鄰居教我做埃及菜，如櫛瓜鑲牛肉、高麗菜包肉飯、茄子鑲肉飯、朝鮮薊鑲牛肉等。我奇怪怎和我在觀光地區常吃以麵包烤餅沾豆泥或芝麻醬及烤肉（魚雞牛）不一樣？學姊說明當日是學習宴客菜。

這趟埃及行不但能與學姊敘舊又能學做埃及功夫菜，深入瞭解其食物的特色及初識可蘭經教義，很有趣。

● 上圖為家常菜

● 上圖為宴客菜

● 櫛瓜鑲牛肉

● 高麗菜包肉飯

● 朝鮮薊鑲牛肉

● 上圖為宴客菜

✿ 重要景點

故事背景：從博物館開始

　　來到世界四大古文明 埃及，首站先參觀埃及博物館。

　　埃及博物館建於 1858 年，博物館本身就是個古蹟 。法老王的文物、巨大的雕像石棺、圖坦卡蒙的黃金王座，準備出征的人像等雕塑品，顏色鮮艷、精細，很佩服當時工藝，10 餘萬件的館藏，細數 5,000 年輝煌的歷史。

● 吉薩金字塔群（Pyramids of Giza）

在開羅親臨世界古代七大奇蹟－吉薩金字塔群，是指一大片位在埃及開羅郊區的吉薩高原內之陵墓群，1979 年登入聯合國教科文組織世界遺產，建於埃及第四王朝，主要由 3 個金字塔組成。在胡夫金字塔和卡夫拉金字塔中間有太陽船博物館，展出 4,000 多年前的木船，專家耗時 14 年，於 1968 年完成碎片拼合重建。

※ 胡夫金字塔（又稱「大金字塔」）（Great Pyramids of Khufu）

胡夫金字塔是三者中最高也是最古老的金字塔，它也是世界上現存的最大的金字塔，埋葬的是埃及第四王朝時期的法老胡夫。

由於常年的風吹日曬，塔高已經由原先的 146.5 公尺變為 137 公尺，邊長接近 230 公尺。胡夫金字塔由 230 萬塊巨石搭建而成，最重的石塊可達 50 噸，最小的也有 1.5 噸。這些巨大的石頭都為石灰岩，是從尼羅河東岸的圖拉採石場開採、運輸過來的。因為沒有車輪，當年的埃及人可能是使用圓木運輸的。金字塔的外面原先還有白色的石灰岩，因為地震、偷竊等原因如今外部的石塊已經不復存在。根據西元前 5 世紀的古希臘學者希羅多德的記載，建造這樣的金字塔需要 10 萬人，勞動 20 年。

※ 卡夫拉金字塔

（Pyramids of Khafra）

卡夫拉是僅次於胡夫金字塔的第 2 大金字塔，由胡夫的繼任者卡夫拉建造。雖然它的高度只有 136 公尺不及胡夫的金字塔，然而它建在了一塊高地上，看上去似乎更為高大，同時周圍的附屬設施也更為複雜。據估計它一共用了 488 萬噸的石頭，它的坡度為 53°，大於胡夫金字塔的 51°

※ 孟卡拉金字塔（Pyramids of Menkaure）

最小的孟卡拉金字塔，是第四王朝時期的第 16 位法老所起建。

孟卡拉金字塔遠小於前兩座金字塔，它的高度只有大約 65 公尺，總體積大約只有卡夫拉金字塔十分之一。不同於外面包覆石灰石的胡夫金字塔，孟卡拉金字塔底部包覆的是花崗岩。金字塔當時也被迫停工，後來可能是他的繼任者用土磚完成了剩餘的建造工作。

※ 獅身人面像斯芬克斯（Sphinx）

卡夫拉金字塔面前是著名的獅身人面像斯芬克斯，它長 73.5 公尺，高 20 公尺。然而獅身人面像的意義以及其製造者都是一個謎。

斯芬克斯其實是希臘的神話，這是一種獅身人面，有長著翅膀的雌性動物。斯芬克斯的頭部和身體不成正比，有人認為這是因為現在頭像是後來重新雕刻的。不過，考慮到斯芬克斯身體部分出現的多道裂縫，很有可能是工匠們不得已之下延長了身體，造成了現在的這種比例。根據 16、17 世紀時法國探險者的畫像，當時它仍然有鼻子。等到 19 世紀拿破崙入侵埃及時，它的鼻子已經消失了。

※ 皇后金字塔（Queen`sPyramids）

在這 3 個主要金字塔旁有 3 座屬於皇后的小型金字塔。吉薩金字塔群是不開放進入塔內，當然看不到墓穴內狀況，我是騎馬及走路來參觀金字塔，只有進入 1 處皇后的小型金字塔，通道只能容納 1 人上下，又有很多層狹窄樓梯，走到地下室裡面早已空無一物。

◉ 主題之旅：黑白沙漠二天一夜行
（Black & White Desert）

黑白沙漠距離開羅 365 公里，位於埃及西南腹地，屬於撒哈拉沙漠東部，經過拜哈里耶綠洲（Baharia Oasis）駛入浩瀚無垠的撒哈拉沙漠東部（Sahara）。

黑沙漠是「黑黃相間」的沙漠，黑沙漠並非由之前想像的純黑色的沙粒組成，而是黃沙上面鋪滿了粗黑沙石，黑沙漠千萬年前是火山，而火山爆發後，熔岩冷卻後凝固成粗粒玄武岩和含鐵石英砂，鋪

在從利比亞吹來的黃沙之上，所以整個黑沙漠的表面被一層黑色煤渣似的沙粒覆蓋著，形成了奇觀。

最特別的是白沙漠，在百萬年前，曾經是汪洋大海。歷經滄海桑田，海底火山和紅藻類化石形成的白堊岩露出了地表，形成了一片各種形狀的白堊岩石陣，最有名的是香菇雞岩石，大自然真是鬼斧神雕。這裡也有一些細如粉的白沙，所呈現白色的大部分是因為岩石露出來，讓沙漠整體看上去是白色的。落日時，白堊石上泛起了紫色的微光，白沙漠變成了粉紅紫沙漠。是含鐵的砂岩，除了「水晶」，其實黑白沙漠裡，處處是礦石寶藏。

前往白沙漠，途徑「水晶山」（Crystal）1 座座黃色沙丘中呈現著大塊的水晶石，那是 1 種石英結晶礦物體，沙子中也有小塊的透明水晶，導遊說不能偷，是違法的。

● 香菇雞岩石 ● 水晶山

　　沿路只有 2 部吉普車經過，我開始遐想若司機把我丟包，我該怎麼辦？當夕陽西下，黑暗襲擊，寬闊的大地只有導遊（兼司機）和我，頓時緊張害怕的心情油然而生，彼此沉默的氣氛，令人窒息，在我主動掌握話語權時，説説自己的兒女，旅行和寫書，導遊也談談她有 2 個妻子及工作的點滴，化解了彼此的尷尬，導遊開始隨地搭帳篷，露營烤肉，我則看星星，聆聽自己的聲音。一早起床，仍是四處無人，觀賞日出，金黃色陽光，撒在白色沙漠上，又是另一種風景。

🌸 主題之旅：全球最佳露天博物館埃及東南行

● 路克索（Luxer）

路克索是上埃及路克索省的首府，為埃及的古都、歷史名城及著名旅遊景點。沿尼羅河南下，是遊客必遊之地。位於首都開羅（Cairo）南方約 670 公里處，為埃及的觀光重鎮之一。

路克索因尼羅河（The Nile）從中穿過而被分為東西兩岸。靈殿、墳墓等觀光景點大多分布在西岸，有「往生之城」之稱；機場、火車站、巴士站、旅館、市集及神殿等，主要則集中在東岸一帶。相對於西岸的「往生之城」，東岸的觀光都市則有「生者之城」之稱。

路克索始建於西元前 14 世紀，古蹟包括帝王谷、路克索神廟及孟農巨像等。其中，路克索神廟有逾 3,000 年的歷史，遺留巨型石像、浮雕及壁畫等。享有「全球最佳的露天博物館」的美譽。

※ 尼羅河東岸

◎路克索神殿（Temple of Luxer）

即古埃及新王國時期的首都底比斯，大約建於西元前 14 世紀。路克索神廟主要有兩個作用，首先每年埃及的新年在這裡慶祝奧皮特

節（古埃及宗教節日）。第 2 個作用是法老與其神靈氣的結合。每年新年是法老要與他的神靈氣結合，這是他的神話儀式的一部分。

路克索神殿的門口前有 2 排獅身人面像，當初是 730 座，現在留有 58 座，其延綿 3 公里可達卡納克神殿，正門有塔門及 1 座方尖碑，高 25 公尺，其實原本是一對的，但是另 1 根（右邊）方尖碑在 1833 年被埃及當作禮物送給了法國。

還有正中拉美西斯二世的坐和立雕像，在第 1 院的廣場中也可以看到，都是拉美西斯二世建造的，另有廊柱廳，由 32 根巨柱建構，高聳頂天的巨柱宏偉的令人讚嘆。

通過中間的門，遊客來到在羅馬時代祭奉皇帝的廳。牆上的浮雕顯示亞歷山大大帝與眾神，見證基督教曾經也在這神殿中傳道，也看到伊斯蘭教清真寺在神殿，是宗教多樣化的地方。

【備註：方尖碑（Obelisk）一般以整塊的花崗岩雕成，重達幾百噸，它的四面均刻有象形文字，說明這種石碑的 3 種不同目的：宗教性（常用以奉獻太陽神阿蒙）、紀念性（常用以紀念法老在位若干年）和裝飾性。同時，方尖碑也是埃及帝國權威的強有力的象徵，很多古埃及方尖碑都流落到世界各國。】

● 聖湖

● 尼羅河

● 清真寺

◎卡納克神殿（Temple of Karnak）

始建於西元前 1500 年，歷經了 50 多位法老參與建造，是埃及最古老的神廟，同時也是佔地最廣的神廟。神廟內共有 10 座拱門及超過 20 座的大小殿堂，神廟周圍還有一些較為小型的神廟，這些建築群構成了規模巨大的卡納克神廟。

整座神廟最先出現的是大道兩旁的獅身羊頭像，一邊與路克索神廟相望，另一端則會一直連接至太陽神的妻子－穆特（Nut）女神的神殿，是拉美西斯二世造的，上面的羊被視為是阿蒙神（Amon）的象徵，代表無窮的體能與繁殖力；獅則象徵王權與力量，藉此昭告拉美西斯二世（Ramesses II），是阿蒙神最愛的兒子，也是埃及唯一的統治者。

門口的聖甲蟲雕像，後腿推滾糞土，像太陽的運行，夜間旅行後，破曉重生，是太陽神的化身，此雕像是由尼羅河西岸移至東岸，代表復活、重生。

卡納克神廟由磚牆建造，分成 3 個部分，最大以及最完整的位於中間，供奉的是太陽神阿蒙（Amon 是 1 位埃及主神），其他兩位則是 Montu 神和穆特（Mut）女神的神殿，最後是大柱廳（Great Hypostyle Hall），也就是阿蒙神殿。

如柱林的廳堂占地約 5,000 平方公尺，內有 134 根石柱，中間兩排每根石柱高約 21 公尺，另外 122 根石柱約 15 公尺，每根圓柱都須 10 人才能將之圍住，石柱上刻的是法老向太陽神獻祭以及埃及對

外戰爭勝利的浮雕。

過了石柱廳後可以看到圖特摩斯一世（Tuthmosis）所造的方尖碑，原本有一對，後來只剩一支後方的方尖碑由哈特謝普蘇特女王所建，高度為 29 公尺，是埃及最高的方尖碑，當時這塊方尖碑上蓋滿了黃金，在陽光的照射下會發出金色的光芒，意為向太陽神致敬。

聖湖面積達 9,250 平方公尺，容量 26,000 立方公尺，是阿蒙神祭司每日早晚祭拜淨身的地方。

※ 尼羅河西岸

◎ 帝王谷（Valley of Kings）

新王國時期的埃及法老因為怕被盜墓，於是不再蓋金字塔，而是將陵墓建造在古時的底比斯尼羅河西岸外型類似金字塔的帝王谷裡，帝王谷目前已經發現有 62 座陵墓，其中最有名的是塞提一世（KV17I Seti）的墓室壁畫。

參觀帝王谷買門票，想要拍照帝王谷的人要購買攝影券，我沒買攝影券，搭乘

● 方尖碑

● 帝王谷

接駁車進去帝王谷，基本上在位年代越久的法老王，他的陵墓就會挖得越深，墓主是18-20王朝法老王和權貴，走進墓室看到牆上顏色鮮艷依舊的壁畫，有很多動物、人類生活的景象，乘坐太陽船渡過尼羅河走向重生的埃及法老文化信仰，見證3,000多年的壁畫遺跡。

◎ 哈塞普蘇女王靈殿
（Mortuary Temple of Hatshepsut）

　　哈塞普蘇（Hatshepsut），生平約前1508年－前1458年，她是第十八王朝法老，也是古埃及第2位可考的女性法老，是古埃及一位著名的女法老。

　　這座為哈塞普蘇女王打造的靈殿，座落在谷地中，兩道長闊的斜坡將3座平廣的柱廊建築串聯起來，哈塞普蘇神殿建築群雄據在谷間。從入口處一排林立人面獅身像的通道直達大殿。

　　廊柱是神殿建築的一大特色，壁畫在1906年經過重新整修，第1層柱廊左側裡的壁畫以古埃及人利用船隻將方尖碑從亞斯文運送到卡納克神殿，右側的則展現法老王狩獵的場景；第2層右側是女王的神聖誕生，她是太陽神阿蒙的女兒。

● 亞斯文（Aswan）

　　亞斯文是埃及南部城市，位於尼羅河東岸，人口約20萬，是著名古城、旅遊景點和貿易中心，從路克索坐車到亞斯文需3.5小時。

※ 亞斯文水壩（Aswan Dam）

位於埃及的尼羅河第 1 瀑布下的城市，兩座大壩在此跨過尼羅河，英國人在 1898 年興建了舊壩，於 1902 年完工，屬於中型重力壩，由於原設計的不足，舊壩已兩次加高，但在 1946 年時洪水卻幾乎漫壩，使得人們決定在舊壩上游 6.4 公里處建造新壩。

1971 完工發電的亞斯文水壩，分為亞斯文低壩和亞斯文高壩，新高壩全長 3,800 公尺，底層寬度 980 公尺，頂層寬度 40 公尺，高 111 公尺，體積 4,300 萬立方公尺，屬於大型重力壩，最高每秒流量 11,000 立方公尺，其攔河而成的納賽爾湖，是世界第 7 大水庫，長 550 公里，寬 35 公里，面積達 5,250 平方公里，容積達 132 立方公里。興建新的高壩是來保護沿河居住的人口、農田及棉田。

※ 費麗神殿（Temple of Philae）

位於埃及亞斯文，修建在亞斯文城南尼羅河中的費麗島上，供奉的是愛神伊西斯（Isis），以石雕及石壁浮雕上的神話故事聞名於世，是保存古埃及宗教最久的地方。

19 世紀末，老亞斯文水壩修建蓄水以後，神廟原址就被逐漸淹沒。自 1972 年起，埃及政府在聯合國教科文組織的協助下，在神廟周圍修建圍堰，河水抽乾。然後逐漸將神廟拆卸分解後搬遷到距原址 500 多公尺的阿基利卡島（Agilika Island，坐船 10 美元），按照原樣重建。1980 年 3 月，搬遷重建工作全部完成，神廟重新開放。

　　神廟在 1979 年被聯合國教科文組織評定為世界文化遺產，現保留圖拉柱廊、第 1、2 塔門及伊西斯神殿、涼亭、拱門、浮雕等。

　　● 2019 年農曆春節期間的非洲 6 國 32 天之旅，在埃及圓滿結束行程。當初的我是新手阿嬤，棄煮年夜飯，剛開始的目的是想逃離多年過年的繁文縟節，旅行回來知道是先生煮年夜飯，女兒洗碗，媳婦照顧幾個月大的孫子，兒子準備祭祖，不會因為媽媽不在家，就沒年夜飯吃、不祭祀，所以農曆年的旅行是「真正放下」，從此不再拘泥於節慶任何形式的家人聚會。

● 圖拉真涼亭　　　　　　　　● 柱廊　　　　　　　　　● 入口塔門

✻ 旅遊資訊

● 因信奉伊斯蘭教，穆斯林不吃豬肉的原因是《古蘭經》明文禁止穆斯林吃豬肉。古蘭經指出不潔的食物只有三種：（1）自死物，（2）血液，（3）豬肉。一般餐廳菜單上的肉（Meat），是指牛肉。

● 埃及旅行前，建議可先簡單認識埃及歷史、文化及神祇神話等，參觀博物館、神殿及金字塔等，方便輕鬆暢遊埃及。

✻ 【行旅情報】　　　　　　　　　　＊依當時匯率換算＊

埃及航空：肯亞奈洛比→埃及開羅

簽證：落地簽證，可停留 30 天

時差：埃及比台灣慢 6 小時（-6）

匯率：埃及磅（EGP）：新台幣 =1:1.85
　　　美元：新台幣 =1:30.5

住宿： Eco Inn Cairo Hotel 、 Luxer Guest House

夜鋪火車服務網址：wataniasleepingtrains.com

衣索比亞 Ethiopia　第十四站

　　只要贈與愛心捐獻的朋友，都一定聽過衣索比亞，幾乎可以說，衣索比亞就被視同為非洲難民的代稱。

　　其實衣索比亞，也是文明古國之一，人們常聽的所羅門王朝，就是屬於衣國的一段歷史。今天的衣索比亞，人口高達 1 億 840 萬，是全球人口最多的內陸國家，亦為人口第 2 多的非洲國家。

　　衣索比亞土地面積為 110 萬平方公里，首都及最大城市是阿迪斯阿貝巴（Addis Ababa）。

故事分享：很怪的酸，阿迪斯阿貝巴 Servas 家庭餐。

　　我在索馬利蘭志工團（參見下一個壯遊：公益旅行）工作結束後，獨自脫隊前往衣索比亞旅行，有連絡上住在首都阿迪斯阿貝巴的 2 位 Servas Host，他們很熱心，一口答應接待我，先去旅行社老闆 Molla 的家，他可安排我衣國行程，再去主廚 Sara 家，教我做當地菜，廚藝交流。

　　Molla 的妻子在倫敦進修，帶著小女兒居住，家中有女管家，負責煮飯家務，她說冷藏雞肉不新鮮，我們坐拉客的小巴士前往傳統市場，購買了現宰的雞，管家很滿意，準備晚上的雞肉餐，我也目睹是傳統市場攤販販賣蔬果、肉類、鞋子及日用品情形。

另 1 位 Host 是曾是主廚的 Sara，目前已退休當家庭主婦，先生也已退休，有 2 個女兒及 1 位小兒子，我準備禮物是元宵小花燈，和孩子們拼接組裝，也炒新竹米粉，遺憾他家沒有醬油，所以炒蛋及米粉都呈現白色，又是另一種風味。Host 則做當地有名的食物 Injera（英傑拉餅），這個淡灰色貌似薄鬆餅，第一口吃下去，發現它的味道有點酸，很怪的酸，很不習慣，男主人說是發酵造成的酸味，還有準備牛肉，以雞蛋為基底，炒入碎牛肉末與辛香料。男主人英文比女主人好很多，飯後喝咖啡，當地咖啡盛產，不貴，一起看電視，電視正播著亞洲新冠病毒疫情爆發的事，當然也出現台灣新聞，男主人也提到中國與台灣的政治問題。

● 英傑拉餅

🪷 重要景點

● 阿迪斯阿貝巴 Addis Ababa

※ 國家博物館（National Museum）

　　位於衣索比亞首都阿迪斯阿貝巴，典藏非洲人類歷史寶藏，是世界上最古老悠久的國家博物館。裡面最重要的珍藏就是被稱為人類始祖，距今300萬年前的原始人「露西」Lucy，這個字在當地語而言，是「完美」的意思。

　　考古展品包括露西的 350 萬年前的化石（或稱 Dinkinesh - 本土語言中的「你很精彩」），一種似猿婦女。1974 年露西化石的發現迫使人們完全重新思考人類家譜，條件是我們的祖先比預想的要早 250 萬年。內有許多史前古器物，可以看到 Lucy、Selam 和 Ardi（都是猿化石名字）。另一些樓層有衣國的藝術品和傳統工具。

※ 阿迪斯阿貝巴大學的民族博物館（The Ethnographic Museum in Addis Ababa University）

　　這個博物館與國家博物館非常不同，但同樣吸引人的是博物館展覽各種各樣的文物和日常物品，展物與居住在衣索比亞的大多數民族有關。

　　阿迪斯阿貝巴州立大學，創建於 1950 年，最初稱為阿迪斯阿貝巴大學學院，後來在 1962 年為紀念海爾·塞拉西一世而更名為海爾·塞拉西一世大學，1975 年改為現名。

● 拉利貝拉岩石教堂群（Rock-Hewn Churches, Lalibela）

位於衣索比亞北部的 Lalibela 鎮，人口約 4,500，Lalibela 教堂群是 1978 年列為世界文化遺產，三區 10 個 12 世紀岩石教堂（其實有 11 個，1 個 Bet Golgotha 不開放女人進入），是北部重要景點。據說是拉利貝拉國王建造，歷時 24 年 12 萬工人鑿成。

※ 第一群 5 座教堂

分別是 Bet Medhane Alem、Bet Maryam、Bet Meskel、Bet Danaghel 和 Bet Mikael。救世主教堂（Bet Medhane Alem）高 11.5 公尺、面積接近 800 平方公尺，內部和外部也分別有 36 根石柱支撐，是當中最大的岩石教堂。

教堂泛著磚紅色的牆身雕琢得平滑無瑕，代表天堂之匙的石窗也見造工之細緻。教堂與教堂之間，有些相距幾百公尺，有些以岩石隧道相連，最近的，只隔 1 條走道。穿過救世主旁邊隱蔽的岩石隧道，便會來到拉利貝拉皇帝最愛的聖瑪莉亞教堂（Bet Maryam / House of Mary）。

拉利貝拉的教堂外型壯觀，內部相比起來樸素得多，除了聖瑪莉亞教堂。聖瑪莉亞教堂是當中唯一的 1 間室內繪滿壁畫的教堂，從拱形天花板、岩石柱至牆身都繪滿聖經故事和 12 世紀的當地生活面貌。

● 聖瑪莉亞教堂

● 救世主教堂

※ 第二群 4 座教堂

包含 Bet Gabriel-Rufael、Bet Merkorios、Bet Amanuel、Bet Aba Libanos，若沒有導遊帶領，應該會迷路。遊客必須爬上地面、又走下地底，還要穿過石橋小河。

拜訪了 Bet Gabriel-Rufael 和 Biete Danaghel 等岩石教堂，走進名為「天堂」的透光洞穴，再經過叫做「地獄」的窄長暗黑隧道後，像迷失於遠古神聖迷城一樣，不知身在何方。

岩石教堂的內部基本上大同小異，地上鋪著地毯，信徒脫鞋入內後，便會男左女右分開。由身穿傳統 Gabi，手持拐杖的神父守護。

※ 第三群 1 座教堂

參觀單獨的聖喬治教堂（Bet Giyorgis），是 10 座教堂中唯一被鑿成十字架形狀的教堂，又稱聖十字教堂。其座落在 1 個方形的豎井通道底部，深入約 5 層樓高，是建築史上最廣為流傳的經典。

拉利貝拉約在海拔 2,600 公尺的高原，是衣索比亞東正教的一個聖城。

聖喬治教堂（Bet Giyorgis），座落在豎井狀通道（22×23公尺）的底部，與其他教堂相分離，形似希臘十字架。它的地基很高，裡面也無雕塑，僅掛些神的畫像。天花板上，十字架的每個臂軸都與1個半圓拱相交，而這些半圓拱是在矗立在中央空間的四個角的壁柱上雕刻出來的。

🏵 主題神遊之行：馬溝國家公園的莫西唇盤族部落
（Mursi Tribe in Mago National Park）

衣國南部沒有時間去，醫療團鍾文宸醫師曾去南部旅行，去過很多部落，提供我照片觀賞，我可神遊馬溝國家公園的莫西唇盤族（Mursi）。

20世紀70年代，當英國探險家首次走進這片叢林，發現唇盤族時，這個自稱為「莫西（Mursi）」的種族，莫西人靠狩獵、放牧為生。

古時，唇盤族的男人們是奧莫山谷的勇士，他們英勇善戰，但在與其他部落戰鬥時，本部落女人經常被擄走。為防止其他部落再來搶掠自己的女人，他們要求女人割開嘴唇、放上盤子，「醜化」後便不會再被掠走。最後割唇盤反而成了美的標誌。

莫西族少女長到10多歲時，就會穿透下嘴唇，往嘴唇裡放盤子，稱為唇盤。放唇盤前，要用刀將下嘴唇和牙齦之間切開，使下嘴唇與齒根分離。然後，先放一個陶土的小盤子把切開的口子撐開。隨著年

齡的增加，逐漸更換大的盤子，嘴唇就會越撐越大，最大的嘴唇能翻到頭上把臉包住。這個痛苦的過程伴隨著女孩成長為婦人。

　　唇盤直徑大小不一，最大可達到 25 公分。所置盤子愈大，謂之最美，也可獲得更多的女兒出嫁時的財禮。唇盤平時放在嘴唇裡，吃飯、喝水、抽菸時摘下。莫西女人大多赤裸上身，除了大盤子嘴，她們還在身上、臉上塗抹花紋，用樹枝、粗皮、貝殼及牛角等裝飾自己。

　　做為聯合國教科文組織確立的世界文化遺產，唇盤族的存亡也吸引了越來越多人的關注。衣索比亞政府已專門規劃了莫西人的生活區域。將他們的生活區域劃為國家公園，鼓勵外國遊客去參觀旅遊。

● 鍾文宸提供

145

◉ 旅遊資訊

● 傳統衣索比亞美食

　　主食英傑拉餅（Injera），搭配豆泥、燉菜、肉等配菜。Injera 由衣索比亞盛產的穀物 Teff（苔麩，是禾本科植物）的微小種子磨成粉，以麵粉及酵母和水攪拌後，待兩、三天發酵之後，將麵糊抹於平底鍋上烤熟，類似薄鬆餅的烹調過程，表面產生許多氣泡狀的小細洞，是一種獨特海棉質，即可食用。據說 Injera 除富含醣類與蛋白質外，尚含有許多礦物質，如鐵質與鈣質，他們天天要吃，淋上非常重口味的醬汁，多以蕃茄為主，與豆類或肉類一起吃。

◉【行旅情報】　　　　　　　　＊依當時匯率換算＊

衣索比亞航空：索馬利蘭哈爾格薩→衣索比亞阿迪斯阿貝巴

簽證：落地簽證，可停留 30 天

時差：衣索比亞比台灣慢 5 小時（-5）

匯率：衣索比亞比爾 （ETB）：新台幣 =1:0.834
　　　　美元：新台幣 =30.5

住宿：Servas Host Family、Panoramic View Hotel

網址：www.iethiopia.travel

壯遊 Chapter 5

公益旅行

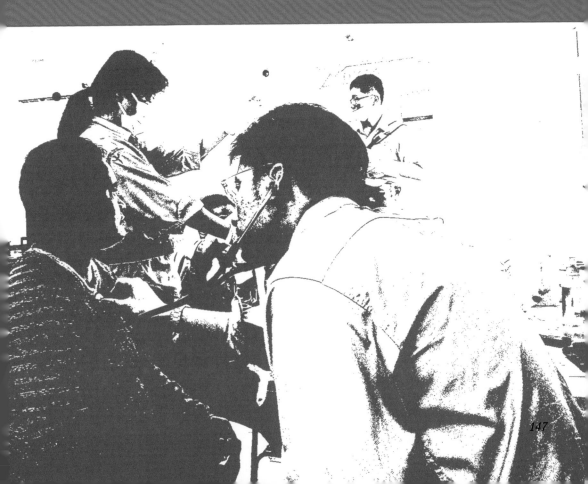

1 故事從醫護經歷開始

❂ 為何投入國際志工公益之旅

追溯我公益之旅的源頭，我曾初次旅行泰港 7 日跟團，就有團友的孩子嚴重腹瀉，我協助急診就醫，在回程飛機上有男團員，呼吸困難，協助處理，終於迫降鄰近機場。在英國里茲住宿家庭，女主人因太累昏倒，運用刮痧幫助她放鬆。

這都是我在旅行途中參與醫護的經歷。

我自己本身，也有旅途中被幫助的經歷，例如在祕魯馬丘比丘被旅行社被丟包、阿根廷伊瓜蘇港市迷路，都是得到陌生人的幫助。旅行會發生意想不到的事，我可能會利用我的專業去幫助人，也會接受別人的幫助，所以以上種種，萌生我在旅行時，可以順便做公益的想法。

2017 年立下當「國際志工」的願望，至少要服務 1 週，最長至 1 個月，因車禍受傷手術復健，漫長的 1 年半，終於在 2019 年有機會參加台灣路竹醫療和平會，這是非營利組織，不分國界，以人道醫療救援，促進世界和平為宗旨。

我周遊了 68 國，看到富有也看到貧窮，看到快樂也看過悲傷，當然大部分人都是討生活的一般民眾。由於我在國外是經常接受到陌生人的幫助，才能完成環球慶生之旅，如今我投入公益旅行，也算是有回饋世界的心意。

蒙古 Mongolia 　第十五站

　　對華人地區民眾來說，蒙古是一個陪伴我們成長的重要歷史印象，翻開課本，那些匈奴、鮮卑、突厥、契丹等民族，其活躍的背景都在蒙古。更別說曾經撼動世界文明，打造跨洲帝國的成吉思汗。

　　蒙古，位於俄羅斯與中國交會處，面積為 156.6 萬，是世界第 2 大內陸國家，人口 332 萬，是世界上人口密度最小的主權國家。首都與最大城市為烏蘭巴托（Ulaanbaatar）。

故事分享：參加 SERVAS 東亞會議

　　我以 Servas Taiwan 秘書長身分代表參加 Servas 東亞會議，在 2019 年 7 月前往蒙古，在香港轉機到達首都烏蘭巴托。

　　第 1 天先自行小旅行，隔天去蒙古秘書長 Hishig 的哥哥家（Day Host）野餐，第 1 次吃用石頭烤的羊肉，這是真正的蒙古烤肉，先火

燒熱石頭，再放入羊肉，是原汁原味帶骨羊肉，沒有羊騷味，喝奶茶配 Boov（蒙古語，類似餅乾點心）再喝伏特加酒，大口吃肉，有蒙古豪邁氣慨！

第 3 天參加 Servas 東亞會議，地點在特勒吉國家公園的蒙古包，有韓國、日本、蒙古及我國等共 41 人參加，我初次以全英文簡報介紹 Servas Taiwan 的現況和未來展望，代表台灣爭取為 2022 年主辦國，圓滿達成任務。

感謝也是會員代表的先生永連的參與及協助。另會議中提及蒙古會員都是年輕人，日本、韓國及台灣會員則年齡偏中高，需再加強推廣，努力爭取年輕人認同入會。

　　主辦國安排一系列活動，玩排球、學習做傳統棉布印花、各國服裝表演等活動，晚上有服裝秀，一生初次穿旗袍的我，有點靦腆，還要縮小腹，各國也分別來秀日服、韓服及蒙古服裝。

　　晚餐是吃蒙古全羊大餐（Boodog），烹飪製作過程真是費時費功，石頭是烹煮中重要的角色，蒙古人主食是肉，每日無肉不歡，在不同餐廳及野外烹煮，有各種烹煮方式，烤、蒸、炒、燉等，牛羊豬最普遍，全羊餐最特別，在國家公園野餐最享受。Hishig 説蒙古主食就是肉，我連續 5 天吃肉，幾乎沒什麼青菜，腸胃不太舒服。

　　特勒吉國家公園（Teleji National Park）是蒙古設立 33 處國家公園之一，離首都烏蘭巴托只有 66 公里，是最多旅客的國家公園。一望無際的大草原，成群的牛羊馬在吃草，初次在國外騎馬在草原上，各國的 Servas 家人同遊，感受遊牧之旅很愜意。

重要景點

● 蘇赫巴托爾廣場（Sukhbaatar Square）

位於蒙古國首都烏蘭巴托市中心，以蒙古獨立及革命英雄達木丁·蘇赫巴托爾的名字命名的廣場。元朝是 13 世紀由蒙古人忽必烈建立的王朝，在西方不斷擴張，三次西征，被歐洲稱為蒙古帝國。

該廣場位於國家宮南側，廣場中央立有蘇赫巴托爾紀念碑，碑頂有達木丁·蘇赫巴托爾的騎馬雕像。廣場北側國家宮前又立起了一排紀念成吉思汗（位於中間）、窩闊台汗和忽必烈汗的大型雕像。廣場東側為國家古典藝術劇院、中央文化宮，西側為烏蘭巴托市政府、中央郵局等建築。

※ 國慶那達慕大會（Naadam Festival）

每年 7 月 11 日至 7 月 13 日在首都烏蘭巴托舉行，包括舉行 3 項競技比賽：摔角、射箭、賽馬及進行大規模祭祀活動，喇嘛們焚香點燈，唸經頌佛，祈求神靈保祐。東亞會議選在那達慕大會之後舉行，會員提早到達可以同時參與年度那達慕的活動，一般在運動場舉行，蘇赫巴托爾廣場也有大型電視牆，很多人圍觀觀賞蒙古族一年一度的傳統體能運動競技節日。

● 國慶那達慕大會

● 景點：甘丹寺（Gandain）

甘丹寺是烏蘭巴托市內最著名的寺廟，亦是蒙古最大的藏傳佛教寺廟，建於 1809 年，原殿只保存 1 個柱子。主殿內有 1 座據稱是全世界最大的銅鑄觀音菩薩塑像，高達 26.5 公尺，很多和尚高僧禮佛，但是寺內不能拍照，只能虔誠的瞻仰佛像，算是特別的寺廟。

● 博克多汗冬宮（Bogd Khan Palace Museum）

博克多汗冬宮是蒙古皇帝博克多汗（Bogd Khan）4 間府第之中僅存的 1 座，建於 1893 至 1903 年。博克多汗即八世哲布尊丹巴呼圖克圖活佛（Jebtsundamba Khutughtu），是跟達賴、班禪齊名的藏傳佛教四大活佛之一，因此博克多汗冬宮內除了 1 座近代的宮殿建築，同時還包括 6 座中式廟宇。博克多汗冬宮現已被闢為博物館，除了宗教文物，還展出歷史文物。

● 博克多汗冬宮

◉ 旅遊資訊

● 傳統蒙古美食

　　主要為乳製品及肉類，例如羊牛肉及羊肉包子、餡餅、馬奶酒等，全羊餐更是經典美食，很少吃青菜，旅客注意腸胃保養，可攜帶腸胃藥。

◉ 【行旅情報】　　　　　　＊依當時匯率換算＊

香港＋蒙古航空：台灣桃園→香港→蒙古烏蘭巴托
簽證：辦理簽證，可停留 30 天
時差：烏蘭巴托與台灣 0 時差
匯率：蒙古屠格里克（MNT）：新台幣 =1:0.01
美元：新台幣 =1:30.5
住宿：Khuvsgul Lake Hostel、Springs Hotel
Red Rock Terelj Resort
網址：en.nationalmuseum.mn/national-museum-of-mongolia

熟女壯遊 2　樂遊國際 開創第三人生

帛琉 Palau

第十六站

● 陳育俊提供

位在西太平洋，大部分地區被熱帶雨林覆蓋，擁有豐富生態，並且以海洋資源聞名，有超過 1,500 種的多樣魚類、700 種的珊瑚和海葵。帛琉，現在世界著名觀光勝地，台灣也有直飛行程。

帛琉由一個大堡礁和無數小島和較少堡礁構成，該國政府非常重視環境保育，為了保護珊瑚礁與海洋生態，已於 2020 年 1 月 1 日起正式宣布禁止使用有害珊瑚礁的防曬乳。

帛琉也是台灣邦交國之一，總面積為 487 平方公里，人口僅 1 萬 9 千，最大城市是科羅市（Koror），首都則在美麗坵（Melekeok）。

🏵 故事分享：帛琉風浪大，澆不熄熱情服務的心！

護理及食品科學背景的我，當初退休生活刻意不安排從事有關志工，尋尋覓覓，終於找到環遊世界的目標，從此雲遊四海，看遍異國美景，走遍美地，吃遍美食，也找到興趣，更樂與熟齡族分享我不同於過往的第三人生！

台灣路竹會資深團員顏素琴鼓勵我參加醫療團志工，述說前往國外偏遠地區義診，看診病患相當多，每天忙到汗流浹背。我離開護理工作多年，退休生活很自由愜意，我有點猶豫，但因兒女長大，兒子結婚生子，我認為將小愛轉換成大愛做公益，生活應該更有意義，

進而以嘗試心態報名參加醫療團義診！

● 義診

※ 初體驗海外醫療志工

　　2019 年我參加 11 月的台灣路竹會，前往帛琉義診，看診第 1 天，初體驗當醫療志工，有點緊張，有內外科及牙科、中醫等，我分配到最後一關，擔任藥局的工作，由藥師、護理師及 2 位志工組成，彼此分工，合作愉快。

　　因每處場所現有建築設備不同，規劃也不同，剛開始看診流程，有點雜亂，但後面越來越順暢。每站的團員，都會再確認，我也經前輩指導下，除藥局工作，也嘗試內科跟診，並引導病人前往所需診間。看見同仁們非常盡責，甚至主動互助，學習超多。

　　最有印象的是離島至貝里琉州（Peleliu）義診，來回搭船遇大風浪，全身衣服濕透，照樣工作。風浪再大，澆不熄我們熱情服務的心！

● 陳叔凰提供

　　島上病患年紀偏長，孩子們為工作大都住在柯羅州，小島只有每 1、2 週才有醫生前往看診，很需要我們的醫療服務！

　　義診地點除了離島貝里州，還有分布在科羅州社區中心、葛隆州（Gelongzhou）及艾萊州（Airai）健康中心，有些地點都需早早坐車前往，有 3 位病患分別在不同地點掛外科診，腳受傷幾個月，皮

膚潰爛嚴重，有人說工作太忙，無暇至醫院看病，有人不想理會病情，傷口越來越大，還有交通不便，沒看醫生的，民眾普遍輕忽病情，我們皆頻頻叮嚀，囑咐速前往醫院就診，以免延誤病情。

　　衛生所對減重、糖尿病、不要抽煙吃檳榔等的衛教單張及牆上圖板，設計的很有創意和簡單易懂，值得學習。

※ 部長及大使親自接待

　　拜訪了帛琉唯一的醫院（Palau National Hospital），常在 WHA 為台灣發聲的衛生部長 Emais Roberts 親臨接待。目前醫院有 80 床，醫療資源明顯不足。有 1 晚接受周民淦大使夫婦在官邸款宴及唱卡拉 OK 同樂，我們特別感激此次義診有大使館的外交官及新光醫院的醫護人員協助。

※ 會長親自接送機

　　前往帛琉那天，劉啟群會長親自送機，回國也來接機，他紛紛和團員握手致意，也鼓勵我爾後多來參加義診，帛琉團團長張卓才醫師用心帶領，隨時與團員溝通，關心團員的工作及食宿，很費心盡責。

　　5 天的義診共 23 位團員，服務近 400 人次，資深團員說此團算是輕鬆的義診，我慶幸我們有時間多了解帛琉這國家的文化及生態。凡此種種引導自己，從抱持觀望到決定持續參加台灣路竹會醫療團，歸功於團隊隊員來至各地，很多是初次見面，甚至初體驗，經過短暫的磨合，卻能盡量放下自我，大家一起努力，發揮團隊合作精神，圓滿完成任務。

🏵 重要景點

● 帛琉國家博物館（Belau National Museum）

　　參觀博物館時，外面有當地最大的「男人會館（A Bai House）」建築，在母系社會的帛琉中，男人只有在此會館裡面時，才能真正放鬆，以前為了防止女人進入，門口的蝙蝠彩繪，傳說若女人進去會被詛咒變成石頭，不過現在不分男女，大家都能進去參觀。

　　帛琉國家博物館是由台灣捐贈建造的，位在科羅市的市中心，建於 1955 年，也是密克羅尼西亞地區歷史最久的 1 座博物館。2 層樓的建築十分簡樸，門口有兩國國旗，外觀裝飾有帛琉特有的故事木雕。博物館內收藏有 3,500 項有關人類學、藝術、歷史和自然歷史方面的文物，展出原住民的傳統生活草屋、背殼花紋非常美麗的玳瑁、戰船獨木舟、鯨魚及蝙蝠標本等等。

● 小白宮（New Capital Bldg）

　　位在首都北島美麗坵（Melekeok）的總統府，因其外形酷似美國的白宮，又被人稱之為小白宮，修建在 1 座山上，雪白的顏色，金碧輝煌，很具有異域色彩的建築，三面環海建造在上的最高點上，建築本身就構成了一道亮麗的風景。不像別

的國家總統府戒備森嚴，這裡看不到警衛，聽說現任總統是不在這裡辦公的，政府人員因為嫌地點較遠，都不樂意來這個地方，而是選擇了科羅市區。我們醫療團路過總統府小白宮，看見台灣和帛琉的國旗，見證我國與帛琉友誼長存。

● 洛克群島（Chelbacheb）海洋尋奇

初次在國外洛克群島東線海域學浮潛，導遊會先簡單教大家浮潛的小技巧以及正確呼吸的方法，重點是用嘴巴慢吸慢吐，戴蛙鏡咬著呼吸管，一開始常會忘記而用鼻子呼吸，但在水裡一陣子就會習慣了，有一次喝到海水，嗆到，和同伴手拉手慢慢學會，後來就能輕鬆浮潛觀賞沙魚和百年硨磲貝及鹿角珊瑚等。

特別注意：在帛琉一出海就要繳稅金 50 美元，去無毒水母湖也要另繳稅金 50 美元。

※ 牛奶湖（Milky Way）

因為過去火山活動後火山泥沉積湖底，形成白色的火山泥，湖水透明度不高，是帶點乳白的藍綠色，在牛奶湖用石灰岩全身塗抹是美容聖品，團員都嘗試一下，果然感覺卸妝後皮膚變得光滑白嫩。

※ 水母湖（帛琉語： Ongeim'l）

　　水母湖位於帛琉洛克群島的埃爾馬爾克島（Eil Malk Island），原為海的一部分，後由於地殼運動，周圍的海床升高，逐漸與外海隔絕，湖中有大量的無毒淡橘紅色透明水母，非常可愛，豐富的自然景觀，美麗的海域，是帛琉聞名於世的浮潛勝地。

● 陳育俊提供

　　我們還有在無人島享受燒烤 BBQ，海上自由活動十分順利愉快圓滿。

　　我們分別在無人島及餐廳品嚐當地特殊美食，沒有養殖的海鮮，都是野生的如椰子蟹、硨磲貝，還有我不敢吃的蝙蝠，另有自種芋頭、玉薯等，是難得的體驗，也學習到帛琉人的對生態保護認真的態度。

● 椰子蟹　　　　　　　● 硨磲貝

● 蝙蝠　　　　　　　　● 芋頭

161

◉ 旅遊資訊

● 保護海洋生態

106 年 12 月 7 月起移民官員將在所有入境帛國的外國旅客護照內頁蓋上「帛琉誓詞（Palau Pledge）」入境章戳，旅客須於欄位上簽名，才能獲准入境，作為在帛琉旅遊期間，願共同維護環境生態及尊重帛琉文化的承諾。

2020 年 1 月 1 日起帛琉政府為了保護珊瑚礁與海洋生態，禁止使用有害珊瑚礁的防曬乳。

◉ 【行旅情報】   ＊依當時匯率換算＊

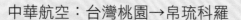

中華航空：台灣桃園→帛琉科羅

簽證：免簽證，可停留 30 天

時差：帛琉比台灣快 1 小時（+1）

匯率：美元：新台幣 =1:30

住宿：Palasia Hotel

帛琉政府網址：www.palaugov.pw

索馬利蘭 Somaliland

第十七站

索馬利蘭，經常被與索馬利亞搞混，其實，就算到今天，這個位在非洲東北角的國家，也尚未獲得國際普遍地承認。其於 1991 年 5 月獨立，也是中華民國友好國家之一。

索馬利蘭，以農牧立國，最大宗出口貨物是家畜駱駝，最多的植物是穀物和玉米，面積 13.7 萬平方公里，人口約 390 萬，首都是哈爾格薩（Hargeisa）。

◉ 故事分享：非洲索馬利蘭義診戰鬥營

2019 年 11 月初次參加台灣路竹醫療和平會前往帛琉，該國人口少，人民假日不看病，我也趁機玩得很盡興，聽前輩說非洲團很忙碌辛苦，每日看診 200-300 人，有 1 天看到約旦難民營義診電視專訪，很感動，也慚愧自己付出太少，遂毅然決定參加 2020 年 1 月 28 日農曆春節初四到非洲 15 天義診。

台灣路竹會通知我的時候，一開始我以為是索馬利亞，後來查資料才知是 1991 年 5 月由該國北部伊薩克諸部落獨立出來的「索馬利蘭」，世界地圖找不到，聯合國及其他國家也不承認，是世界上領土面積最大的非聯合國成員國。

一團 32 位團員經過 32 小時漫長飛行，桃園起飛，轉機馬來西亞及新加坡，經唯一出入口的衣索比亞阿迪斯阿貝巴（Addis Ababa）的寶來機場，再轉搭 50 人座小螺旋槳客機，經 1 小時 30 分，抵達哈爾格薩的伊戈爾國際機場（Egal International Airport）。

● 在哈爾格薩生活起居

旅館位於市中心，5 層樓有電梯，但壞了，我分配在 4 樓邊間，只好扛著中型行李箱舉步困難的往上爬。此時後悔旅行應該帶小型行李箱，WIFI 通訊不良，該旅館沒有接待過如此大團，還要負責早晚餐，看出拖鞋、碗筷都是新買的，準備的餐食味道偏鹹、單調，早餐有白煮蛋，麵包、茶咖啡，晚餐以進口雞肉為主菜，偶而是羊肉，對索國人來說，吃羊肉就像是台灣人吃豬肉般的平常，好不容易請廚師做蕃茄炒蛋，蕃茄是生生的綠蕃茄，連續吃 10 幾天當地廚師烹飪的菜餚，也膩了。

索國缺水缺電，熱水都是來自太陽能，熱水不足以用來洗澡，水是地下水，由水車載來，居民拿到水只簡單讓黃泥澄澱後再喝，所以我們平日只喝購買的進口礦泉水，當地人喝不起，旅館老闆

● 鍾文宸提供

很驚訝，我們有 32 位醫療團團員可以經常洗澡，沖刷馬桶和洗衣襪子，用完屋頂上的水箱，而不知道要像當地人一樣節省使用水資源。

● 義診

10 天義診我們前往 Dami、Mohamed 中小學、Timo Ade 大學、警察局、地區醫院、婦女生產中心（Maternal Child Health）及哈爾格薩最高也是最貧窮的地方 Digaale IDPS（救助兒童及孕哺乳婦女健康機構），前 2 天我在藥局協助藥師寫藥單，忙到腰痛和眼睛模糊，第 3 天開始跟中醫師看診，協助針灸及貼藥布，來中醫的大部分是女性，症狀多為腰痛、膝痛、頭痛，甚至全身痛，可能肥胖者居多，常坐在地上或坐沒椅背的板凳，還有男性則是膝痛、肩痛、背酸痛居多，是長期挑水或挖集雨水洞或坐辦公室工作造成。

居民幾乎不會説英文，要當地翻譯官翻譯（安排當地醫生擔任），翻譯官人數不足，有時我們只好比手畫腳溝通，形成有趣的畫面。來看病的居民超多，每天像在打仗，民眾也會因排隊有人插隊爭吵暴動，還要動用警察來維持秩序。

索國民眾看病掛號 1 美元，還要另付藥費，大部分人沒有錢就醫，醫療團是完全免費，因此短短 10 天附近民眾前來看診，約 3,000 人次。

在 30℃ 大熱天大家都辛苦，最後團員陸續 10 多人感冒或腹瀉，我也因天氣溫差過大（是 12℃～ 20℃），又沒有熱水洗澡，必須洗冷水澡而小感冒，這次索國義診像參加醫療戰鬥營，遠超出我的想像，是難得的經驗。

索國為感謝團員，有多次晚宴，市長、在野黨黨魁、衛生部長、內政部長等人作東，感謝台灣醫療團的愛心義診，希望能加強雙方合作，餐點很豐盛而合口味，當地食物如烤餅、駱駝肉。

● 哈爾格薩市中心

　　8 層樓高的購物中心，是索馬利亞蘭最大的購物商場，只有 10 幾家商店在營業，商店所有東西都是進口的，包含化妝品、洗髮精、雞牛肉及可樂，很少人來逛，看標價才了解此地生活費算貴。

　　醫師身分的翻譯官分享他在索馬利蘭的經驗，他 5 年前從大學畢業，每月賺大約 1,000 美元。一般人工作每月可能達到 100-300 美元。索國獨立後，雖貧窮，但沒有戰爭，民眾是安於貧窮，滿足現況，努力的生活著。

　　比較遺憾的是某天我手機遺失，是 600 美元的手機，我個人因義診結束還有行程，還需要聯絡，只好新買當地陽春型新手機，付了 115 美元，翻譯官告知我，新手機費用可能是當地人幾個月薪水，雖手機非常貴，我觀察幾乎是人手一機，這邊手機都是簡單型，索幣 1 美元可換一大綑（約 7,000-8,000 先令）紙幣，很不方便，所以索國

是行動支付先驅國家之一。我原來的手機在此算天價，翻譯官說不可能找回來，撿到的人是發財了，我轉念當是做善事，心情由焦急懊惱轉為平靜。

醫療團居住的旅館的四周有多個清真寺，由於《古蘭經》要求穆斯林每日要做 5 次禮拜：日出前、正午後、下午時、日落和進入黑夜，在古代沒有時鐘的情況下，很難掌握統一的時間，因此在清真寺外建有「叫拜樓」，每到禮拜時間，就有喚禮者在塔上大聲呼喚，有的大清真寺四周有幾個「叫拜樓」，現代都裝有擴音器，每晨 4:10 傳來擴音機呼喚聲，自動叫醒大家，一開始覺得很吵鬧，後來也習慣了。

● 奇特的 Chat 葉和 Salvadora Persica 樹

這幾天傍晚逛街，見識到 2 種當地比較特殊的事物，很多攤販在賣 Chat 葉（卡特葉），很多人在嚼食，如台灣嚼檳榔，主成分 Cathione 是精神用藥，讓人精神放鬆，但是有成癮性，1 天不咀嚼，就昏睡不醒，嚼食過多會導致精神渙散、有幻覺、失憶、甚者精神失常，在當地是合法食物，當餐廳經理免費開車送我到機場時，我問他有吃 Chat？他說他不吃，吃了無法工作，因很多當地人常無工作可做，每天無所事事，只有這興趣。

● Candy Tree

● 司機手拿卡特葉

● Candy Tree 刷牙

● 左三張照片鍾文宸提供

　　另有賣 Salvadora Persica 樹（Candy Tree），很多人民無錢買牙刷和看牙，現摘新鮮 Candy Tree 樹枝末端，樹皮撥開像牙刷，可以用來刷牙，但牙醫師看診後說很多病人牙齒狀況很差，可能是長期飲用地下水或嚼 Chat 葉，使牙齒變黃或蛀牙，現場牙醫師拔牙和洗牙，至於要裝假牙，不是醫療團能處理的。

　　【備註：台灣路竹醫療和平會（簡稱台灣路竹會）是非營利性的非政府組織（NGO）；並以「把健康送上山」、「醫療無國界」為主旨，號召全國各地有志服務於台灣偏遠部落，與國外開發中國家的醫界志工與一般義工，組成人道關懷、緊急救援的醫療服務團隊。路竹會在國內透過免費義診、宣導健康衛教觀念、生態與人文調查、推動部落兒童陪伴閱讀、衛生義剪等方式，關心偏鄉居民身心健康。在國外醫療資源不足地區，提供醫療與物資援助，在重大災害地區，提供緊急醫療與物資，實現健康與教育的人道關懷。也歡迎志同道合朋友加入義工行列。】

● 鍾文宸提供

⬢ 重要景點

　　週五的「主麻日」有禮拜儀式，居民到清真寺祈禱祝福，不看病。所以醫療團休假，就安排去駱駝羊交易市場及萬年岩石壁畫，車子行走時，沿路都有駱駝隊伍在街上走著，離開哈爾格薩市區到鄉下，

須向警方申請戒護才准通行，主要是鄉下的治安一向較差，有警方陪同，外來的人也更能暢行無阻。

● 駱駝市場（Camel Market）

　　每日都有駱駝及羊市場交易，第一時間當地商人拒絕我們進場，經說明我們是來自台灣醫療團，當天休假不看病，才讓我們接觸駱駝並照相，但羊群商人仍不願我們進入，只能遠距離觀望及照相，市場旁有一些帳篷，有婦女在煮飯菜，商人聚集喝茶聊天。

● 拉斯‧吉爾岩石壁畫群（Laas geel）

　　接著需有警察陪同，前往拉斯‧吉爾（Laas geel）的洞穴岩石壁畫，位於索馬利蘭西北部，哈爾格薩郊區的農村的重要的考古遺址和最受歡迎的旅遊景點之一，需每人 25 美元，後來經聯絡是醫療團而退費。

　　花崗岩洞穴追溯到 8,000-10,000 年前，洞穴壁畫是 2002 年由法國考古隊發現的，它是人類歷史文明發展的最好見證，也是世界各地九大令人驚嘆的洞穴繪畫之一。壁畫有點模糊，依稀看到描繪人、狗、牛馬及長頸鹿等動物，身披祭禮飾物的母牛以及一旁的人類，一些牛的脖子上還掛著類似項圈的飾物。除了長角的牛，壁畫也表現了一些馴化的狗、長頸鹿和其它野生動物，壁畫中還有 1 幅獵人騎馬的

圖，這是描繪人類騎馬的最早畫作之一。經歷了如此漫長歲月的自然風化、戰爭、人類和動物的活動，這些壁畫為何能完整的留存下來，至今沒有答案。

鍾文宸提供

旅遊資訊

● 索馬利蘭唯一入境處是衣索比亞，2020 年 8 月索國與我國互設代表處，免簽證，進行教育經濟醫療文化交流。

【行旅情報】

＊依當時匯率換算＊

馬來西亞＋衣索比亞航空：台灣桃園→馬來西亞吉隆坡→新加坡→衣索比亞阿迪斯阿貝巴→索馬利蘭哈爾格薩
簽證：辦理落地簽證，可停留 90 天（現為免簽證）
時差：索馬利蘭比台灣慢 5 小時（-5）
匯率：美元：索馬利蘭先令（Slsh）=1:8000　美元：新台幣 =1:30
住宿：Hargesia Gate Hotel
Laas-Geel 網址：somalilandtravel.com/las-geel-tour

番外篇：再續前緣

故事從寫信畫地圖開始

◈ 花草茂盛：英國再續貓空奇緣

　　退休前在台灣與來自美國的傳教信徒 Nadine&Larry 在貓空纜車上奇遇，1 個月的相處，當他們導遊，在台北四處走走，我則向他們學習英文，多年前他們到倫敦旅行與教友聚會，認識一些教友，得知我要到英國里茲，很熱心聯絡上住里茲但未曾見過面的教友 Joyce，希望我在英國也有朋友，但她可能年事已高 80 歲，不會 E-mail，所以就透過親戚 Graham 與我聯絡。

　　到英國里茲後，有天試圖打電話給 Joyce，電話中她邀請我及女兒去她家做客，當時我英文聽力很差，聽不懂她說些什麼？只聽到搭 508 巴士，後來我 E-mail 向 Graham 求救轉知，Joyce 決定寫信給我，有一天我收到她的信及畫的地圖，邀請我們某天下午去她家玩，我也寫了明信片感謝她並於前一天打電話再確認。

　　我和女兒坐了 40 分鐘巴士，來到她家社區（Springbank Close Road, Farsley），是非常寧靜漂亮的鄉村小別墅，家中佈置高雅有格調，几潔窗淨，一塵不染，前後院花草也很茂盛。

本來以為英國 80 歲老太太應該老態龍鐘，沒想到當日她盛裝打扮，等候我們到來，高貴又有氣質，原來她是老師退休的，目前獨居，有 3 位女兒，1 位住倫敦，2 位住附近。我們共進晚餐，餐桌也布置非常漂亮，餐具、餐巾紙都是很講究的高雅花色，當然菜色也很正統，有烤雞、火腿、沙拉及可口的自製的「查佛蛋糕」（Trifle）及英國紅茶。進餐中途，二女兒伊莉莎白及女婿突然到訪，我們喝茶聊天，Joyce 還笑說當初電話聯絡時，我說話支支唔唔，她還要慢慢一個字一個字的說，如今我英文進步很多！

只能說這一趟拜訪之旅，讓我非常驚訝及驚嘆！原來 80 歲獨居老人也可以生活得很優雅，維持整潔居家環境，沒有假牙，可以開車去超市購物，健康得過這樣的生活，我們相約等我英文課程結束後，她到里茲市中心，我請她吃中國菜，再續前緣，那時我已可以與她對談如流！

最近新冠病毒疫情爆發，轉眼 8 年了，我擔心現已 88 歲老人家，E-mail 向 Graham 轉問情況，他說 Joyce 很好很健康，我就放心了。

● 「查佛蛋糕」（Trifle）是英國的傳統甜點，這份甜點由新鮮水果、卡士達醬、鮮奶油、果凍、海綿蛋糕，層層疊疊組合而成。

學習異國宴客菜：台灣再續埃及前緣

2019 年 2 月農曆年去埃及，在旅居開羅的嘉女高中學姐家中，鄰居來教做埃及宴客菜。2019 年 11 月學姐和姐夫來桃園玩，我們夫妻帶領暢遊慈湖、蔣公銅像公園、阿姆坪生態公園、石門水庫，最後來到龍潭，胡老爹贈送傳記，不可思議的事發生，傳記中在嘉義榮民醫院的大合照，竟然有學姐的往生父親，老人家是會計主任，與胡老爹曾是同事，走過半個地球，很高興又見學姐、學姐夫，更興奮的是我們的父親是舊識！

轉送壯遊書：女代母再續墨西哥前緣

2019 年 6 月女兒辭職，離開上海，在人生難得的空檔，我鼓勵她加入 Servas，她規劃去中南美洲墨西哥、古巴、祕魯 1 個月，源由媽媽壯遊 18 國中最喜歡墨西哥，我聯絡曾接待過我，在墨西哥市 Servas 家庭，代替我再續前緣。

女兒很開心說他們全家英文超好，男主人 Fabian 也幫忙用西班牙文 E-mail 給秘魯秘書長，希望有會員能接待她。我距離上次見面，已 3 年了，視訊墨西哥家人，小女孩長大，要上國中了，不會烹飪的女主人，現在也做菜了，每個人都在改變進步中。我委託女兒轉送壯遊書，書中有我們彼此的故事，我也邀請他們全家來台灣旅行。對方也非常開心，希望將書裡的內容分享給墨西哥 Servas 會員，更能鼓勵會員出國進行文化交流，在異國也能擁有難得可貴的情誼。當時我

壯遊 18 國書中曾敘述最喜歡的國家是墨西哥，而更確切的是目前已達 68 國中，喜愛度墨西哥仍是排第一，原因是交通方便、物價便宜、人民善良並努力地討生活，還有很多古蹟可觀賞，免費到動物園看貓熊及周末美術館參觀等都令人難忘。

● 徐睦容提供

🏵 浪漫國度：母代女再續希臘前緣

　　2013 年女兒在英國求學期間，曾利用休假與同學前往希臘雅典及聖托里島度假，敘述該國是浪漫國度，度蜜月還可再去旅行的好地方，希臘一直以來也是我嚮往的國度，2020 年，終有機會，就近自衣索比亞前往這美麗的國家，代替少女圓夢，追隨女兒腳步去雅典及聖托里尼島旅行，預先再續女兒前緣。

● 徐睦容提供

● 伊亞

希臘 Greece

第十八站

　　總是與浪漫畫上等號，希臘的古文明神話傳說，加上中西聞名的濱海美景，是國人夢幻旅行的首選。

　　在世界史上，希臘是影響歐洲發展的重要文明古國，跟希臘相關的文化、哲學、藝術等等，至今仍是做為我們學習的重要依據。雖然如今以國力來看，希臘並非大國，但在觀光領域，希臘擁有 18 項世界遺產，不論在歐洲及世界都是名列前茅。

　　希臘，是位於歐洲東南部，面積 213 萬平方公里，人口為 1,112 萬。首都為文明古都雅典（Athens）。

重要景點

● 希臘雅典市區

　　三更半夜由衣索比亞飛到雅典，要到市中心計程車超貴，原訂 43 歐元，現場要價 60 歐元，捨不得搭乘，只好搭 6 歐元的巴士到市中心，轉 5 歐元計程車去旅館。

　　一早坐捷運去衛城，逛博物館，觀看憲法廣場衛兵交接，雅典學院等，也吃到當地美食蕃茄饢飯、炸章魚、優格甜點，深入當地生活，旅行坐公車、捷運都難不倒我。

　　雅典處處看得到羅馬遺蹟，不論在捷運站、路上，不用買票，經過路過都可看到，還有跳蚤市場，處處可尋寶！

● 跳蚤市場　　　　　　　　　● 憲法廣場

● 一座古建築群，雅典衛城（Acropolis of Athens）

　　位於希臘首都雅典，是最著名的衛城（要塞城市）之一。衛城是由平頂岩構成，位於海拔 150 公尺。

　　雅典的城名來自智慧女神雅典娜的名字。在 1987 年被聯合國教科文組織列為世界遺產，其歷史可以追溯到西元前 5 世紀，是由眾多古建築構成，包含帕德嫩神廟、海德羅斯阿提卡斯音樂廳、戴奧尼索斯劇場、依瑞克提翁神廟、雅典衛城山門等。

※ 帕德嫩神廟（Parthenon）

西元前 447 年開始建造，花 11 年才完工，專門祭祀戰爭女神雅典娜的神廟，由 46 根多立克柱環繞，長邊方向每邊 17 根，短邊方向每邊 8 根，整個建築既莊嚴肅穆又精美。大英博物館參考其建築，被美術史家稱為「人類文化的最高表徵」、「世界美術的王冠」。

※ 海德羅斯阿提卡斯音樂廳（Odeon of Herodes Atticus）

西元 161 年興建，是阿緹卡斯的哲學家海德羅斯捐給雅典市，用來紀念於 160 年逝世的妻子。可容納 5,000 名觀眾，座位及樂隊席都是大理石打造，舞台後方有 28 公尺高圍牆，每年夏天雅典慶典舉行音樂會大都在此舉辦。

※ 戴奧尼索斯劇場（Theatre of Dionysus）

也稱作「酒神劇場」，建於西元前 600 年，原本只是用來祭祀神明的場合，漸漸擴充成能容納 1 萬 5 千人的開放式大劇場。

戴奧尼索斯為希臘神話中的「酒神」，也被稱作戲劇之神，是慶典上常出現的角色，而這半圓形的劇場至今雖已殘破不堪，也能依稀想像曾經有過非常輝煌、熱鬧的繁榮時刻。

※ 依瑞克提翁神廟（Erechtheion）

　　建於西元前 421-406 年之間，為古希臘建築文化古跡，是雅典衛城的主要建築之一，建在高低不平的高地上，建築設計非常精巧。和依瑞克提翁神廟合為一體的是少女門廊（Caryatides），由 6 尊少女像代替石柱圍繞而成，相傳代表著 6 名受罰的侍女，建於西元前 413年。

※ 雅典衛城山門（Propylaia）

　　穆內西克萊斯（Mnesikles），設計了雅典衛城的山門（Propylaia）。該門建於西元前 437-432 年，是主要入口，中央粗圓柱，左右細緻圓柱，融合剛柔，成為希臘建築特色，因而舉世馳名。

● 新衛城博物館（New Acropolis Museum）

　　2007 年終於完工，當時有來自世界各地的建築師競相提出這座現代建築的設計圖，館內展覽空間超過 1.4 萬平方公尺，位置在衛城山丘南側，進入博物館時會經過一片強化玻璃地面，下方是 2002 年間挖掘出之遺址，新衛城博物館共有 3 層樓，以鋼筋混凝土、大理石做為建築材料，局部以玻璃做為外殼，最底下一層「漂浮」在古老雅典城市的遺址上，由一百根纖細的混凝土柱支撐，每根柱子的位置避免傷害文物，第 2 層與第 3 層藉由玻璃坡道相連，展出永久館藏的 4,000 件古物，展示以古希臘時期到羅馬帝國晚期衛城神廟裝飾物的雕像。

✿ 主題之旅：聖托里尼島（Santorini）二天一夜遊

坐上島上唯一交通工具—當地公車環島小旅行，早上在南部阿克羅蒂里（Akrotiri），走走紅海灘（Red Beach），中午在中部費拉（Fira）港口看海，吃海鮮餐，可惜纜車停駛，下午繼續去西北部伊亞（Oia），聖島人口 1 萬 4 千多人，面積 73 平方公里，海岸線長69 公里。伊亞是一個風景如畫的小鎮，看到海天一色，映照著藍白教堂建築，陽光掃在愛琴海，碧海晴天，藍與白，處處有美景，讓人放鬆，是令人快樂幸福的夢幻景點。在同一景點，也比照女兒當時的情景，在教堂外拍照留念，此時才體會到為何女兒說希臘是蜜月勝地。還有令人驚艷的地中海飲食晚餐，能吃可口的傳統希臘餐，太滿足了！

● 紅海灘

● 伊亞

❀ 旅遊資訊

● 地中海飲食

　　地中海飲食源自於 1940-1950 年代地中海地區及國家（希臘、義大利南部及西班牙）的傳統飲食型態。其以大量橄欖油、豆科植物、天然穀物、水果和蔬菜，適量魚、乳製品（芝士和乳酪）及紅酒，少量肉製品為重要特色。研究指出橄欖油含有的大量單元不飽和脂肪酸和降低冠狀動脈疾病之風險，幫助控制膽固醇並降低低密度脂蛋白之膽固醇，而且還有抗發炎及抗高血壓的作用。

左側直書：熟女壯遊 2　樂遊國際 開創第三人生

● 伊亞

● 費拉

【行旅情報】　　　　　　　　　　＊依當時匯率換算＊

衣索比亞 +Sky Express 航空：衣索比亞阿迪斯阿貝巴→

希臘雅典→聖托里尼島

簽證：免簽證，每 6 個月期間內歐洲申根國加總計可停留

至多 90 天

時差：希臘比台灣慢 5 小時（-5）

匯率：歐元：新台幣 =1:33.5

住宿：Dorian Inn Hotel、Milos Villas Hotel

衛城網址：www.acropolisofathers.gr

新衛城博物館：www.theacropolismuseum.gr

結　語

人的一生一定要
有一次勇敢的壯遊

🌸 人的一生一定要 ── 有一次勇敢的壯遊

　　從跟團紓壓到英國、德國學習自助之旅，壯遊慶生而改變思維，追求夢想，農曆春節放下小愛的旅行，擴及大愛到非洲做義工，旅行後都有意想不到的啟發及收穫。事實上我退休時，只期望如一般傳統婦女在家帶孫、四代同堂而已，很惶恐覺得國家及社會不需要我，甚至家庭也不需要我；現在的我，因壯遊已找到「第三人生」，並發展我的興趣，出版新書，樂於分享我的經驗、我的勇氣，在國外旅行，入住外國人家庭，也在臺灣接待國外旅客，進行異國文化交流，擔任醫療團國際志工，做國民外交，也準備推廣樂齡孝親餐，這些都不是我當初退休後的人生規劃，從來沒有預期到有嶄新的後半生。回顧我是一步一腳印積極努力學習成長的，強烈的求知慾和好奇心，勇敢踏出第一步，所以機會就自然來了。

　　目前環球已達 68 國，遍及歐洲、美洲、非洲、亞洲及大洋洲，旅行的開端，有時難免會始於累積國家數，然而我發現還有其他比數字更重要的元素，60 歲以後的我，正在迎向我的「第三人生」，一個讓我感到此生無憾的人生。

我建議人的一生一定要有一次環遊世界經驗，尤其是年輕人，短則二、三個月，長則半年、一年，尤其當你人生迷惘時，要升學或就業或結婚時，舉棋不定時，可以來一次壯遊，這不是普通自助旅行，不是流浪，也不是娛樂或遊戲，是離開舒適圈，走向全世界，是學習之旅，是透過克難的旅行方式，有多國語言障礙，文化的隔閡，來挑戰各種困難，解決問題，跟當地人深層互動交流，放慢腳步，沉澱、反思，才是真正壯遊的意義，才會尋找到未知的自己、人生的目標或調整自己的未來目標。

每個人都可以計畫自己的壯遊，只要跟自己比較就好，用自己適合的方式勇敢去壯遊。64 歲熟齡的我有勇氣和行動力，排除萬難也要繞著地球跑，相信年輕朋友也可以跳脫原來生活框架，勇於接受挑戰，人生無限可能，靠你自己創造。再次強調的是追求夢想，年齡不是問題，媽媽爸爸阿公阿嬤的角色也不是問題，語文也不是問題，只要勇敢踏出第一步，永遠不嫌遲。

● 壯遊後，樂活第三人生

除了持續旅行圓夢外，因壯遊而開創了第三人生，這三年來感謝媒體、公司、單位及朋友們讓我有機會參加廣播、電視節目、報章雜誌及網路媒體採訪，體驗拍攝廣告、寫作、出書、投稿、受邀寫稿，多場演講分享，參加非營利組織 Servas 接待外國人及出國接受招待，在台灣路竹會醫療團當國際志工，樂做公益及國民外交。還有家人及親朋好友及粉絲們的支持和鼓勵，我的生活過得非常充實，幸福快樂，將來準備推廣孝親及正向的樂活人生，期許自己是被世界所需要的人。

※ 推廣孝親及正向的樂活人生

現在的國家社會充滿負能量，在談到國家統一或獨立，性平等、廢死、反核及疫情等議題，媒體電視或 FB 及 LINE 群組，經常有些人 PO 漫罵文章及圖片，甚至仇恨對立，這個世界雖有戰爭、掠奪，

但還有很多美好的地方及事物沒被發掘，更有充滿善良、大愛及熱愛和平的朋友。

很多人沒有夢想，有些人有夢想，但沒勇氣去實踐，所以尋找夢想、鼓起勇氣，進而積極實踐夢想，是能夠透過教導學習的。我50歲開始學習勇氣，55歲退休，到60歲實踐夢想，經過10年磨一劍，都是不斷學習而來的。

求學時代，忙於讀書，我在婚前完全不會煮飯菜，由家政科班學校出身的大姊負責烹飪，我都只有洗碗的份，婚後開始看食譜學習烹飪，在我36年婚姻生活，沒有家人稱讚過我的廚藝，感覺只是求溫飽而已。在異國廚藝交流，PK異國料理，獲得Host讚不絕口。有興趣學習了「樂齡膳食調製」料理，精進廚藝，家人和老爸受益，也對自己的烹飪技術有信心。現在外食人口增多，食安問題常爆發，我的烹飪興趣，目前只是為父親而做的孝親餐，和大姊每週輪流回家做菜陪伴，我也開始準備將「樂齡孝親餐」推廣至有心的孩子及家庭，鼓勵家屬抽空製作簡單安全營養的孝親餐並陪伴父母爺奶。

今後我將推廣孝親、正能量、積極進取及有勇氣的熟齡樂活人生，為樂活的第三人生而努力，同時也歡迎認同孝親、有正向理念及熱愛旅行、烹飪的朋友踴躍加入。

後 記

後記

● 心繫新冠疫情・友情無國界

2020 年 2 月 21 日從非洲旅行回來，在雅典轉機到杜拜，機場開始有華人戴口罩，飛機飛往台灣時，機上乘客全程戴口罩，除了吃飯，座位旁邊乘客也沒有聊天，空服員沒戴口罩，亞洲新冠病毒正傳播中，回來後，三月在寫稿過程，歐洲美洲及非洲陸續展開蔓延，無一國家倖免，死亡激增及確診人數，各國紛紛鎖國封城，民眾盡量不要外出，我開始寫 E-mail 或 MSN 問候關心國外朋友安全，陸續得到回覆：

盧森堡市：一位在巴西聖保羅兒子家，很安全，另一家夫妻在家工作。瑞典斯德哥爾摩：先生氣喘病是高危險群，太太陪在家，鄰居會買東西給她們，用網路與朋友聊天。芬蘭赫爾辛基：夫妻已超過 70 歲，需待在家，女兒在家工作。

英國倫敦：學校關閉，在家陪孩子玩。加拿大溫哥華：牙醫診所醫生參加醫學會，有人確診，牙醫診所歇業，在家隔離，沒在工作。廣州：剛好待在西雅圖妹妹家，不能外出。墨西哥市：在家工作，學校關閉。肯亞奈洛比：有一些個案，政府鼓勵大家在家工作。

三年前在書寫壯遊書時，曾發生北歐東歐恐怖攻擊，今年又發生新冠病毒肆虐全世界，我的國外朋友雖行動或工作被限制，但所幸都很安全，套句我的老話，出國在外，都要提高警覺，小心提防，身家性命安全為第一原則，遊樂擺第二，旅行才能長長久久。

自助旅行途中，難免會遇到困難，我已逐漸訓練自己有解決困難的能力，壯遊後，找到環遊世界的目標，找到未知的潛能，找到興趣，從此展開有自信的樂活第三人生。朋友問我，看你現在生活豐富精彩，非常忙碌，不累？我現在是做有興趣的事，充滿熱情，眼睛總是閃耀著光芒，不會累。

　　農曆春節去非洲，從逃避到真正對兒女的放下，當醫療國際志工，是做公益，前往蒙古國，爭取 2022 年 Servas 東亞會議在台灣主辦，是使命感，每次的旅行都有不同的意義。樂齡的我，有冒險挑戰的精神，有持續學習新事物及重視實踐的能力，64 歲的我現已經旅行了 68 國，這一生將持續朝向環遊世界 100 國目標前進。退休前是為家人而活，退休後為自己而活，未來將發揮大愛，為他人而活！

　　最後，因少許旅遊照片拍攝不理想，感謝旅遊同好提供珍貴的照片，也謝謝博客思出版社總編輯、主編、美編等團隊的合作，真實完美呈現本書的樣貌。自己再闖 18 國後，體悟不再心存種族歧視，發揮大愛精神，開創世界都需要我的樂活第三人生，相信讀者神遊，是疫情期間最好的生活安排，勇氣也會加倍，由衷祝福大家不久的將來也能付諸行動，追求夢想。

　　還有感謝推薦本書的節目主持人、作家、總編輯、記者、理事長、校友會會長、醫院院長、書房房主及旅遊達人，因大家的支持和鼓勵，使語芳信心大增，持續往前邁進！

附 錄

旅行問答集
（Q&A）

Q & A

Q1、熟齡族準備一個人出國旅行計畫，您的具體建議是？

A1：先學習自助旅行知識技能，如上網訂機票、訂旅館，可以閱讀書籍、請教有經驗的朋友、多聽旅遊講座，吸取別人經驗、參加社區大學自助旅行及語言課程，學習規劃旅行及加強英語、西班牙語能力。我一開始是去英國上英文課 3 個月、再去德國 10 天短期旅行，訓練自己勇氣和語文能力，回國參加社大環球課程，再規劃去南美 4 國，在地學簡單的西班牙語，結果旅行了 5 國，累積經驗後，才開始壯遊 18 國的。

A2：先選一個國內定點旅行或曾經跟團去過的某城市，像我國內第一次自己旅行是去高雄，國外是德國科隆、法蘭克福和柏林。

A3：訂一個旅館住下來 3、5 天，開始走路，熟悉附近景點及交通，旅館或 Host 也會給你建議。

Q2、一趟國外旅行花費不少，金錢方面的規劃有否妙招？

A1：機票都是上網訂當時最便宜，時間又恰當的，旅館是評價佳又便宜的三星以下旅館，我比較重視安全衛生，豪華不那麼重要，五星級旅館常為歹徒攻擊目標反而危險。

A2：若能自己坐捷運或公車去景點就自己安排，若難度高則跟當地團，先請旅館或 Host 介紹，再和網路其他公司比價及看行程內容，選擇適當的旅行團。

A3：跟當地團或景點有中文導遊者，費用門票非常貴，還要大排長龍，有時只有英文或西班牙或波蘭導遊團，沒有中文導遊，若可以中文旅遊書輔佐，就可節省門票費用。當初是在波蘭克拉科夫的 Host 家，我要去維立奇卡鹽礦，Host 建議我選波蘭導遊，他說 2-3 小時英文解說，你也沒耐心，也聽不懂，你跟波蘭團節省三分之一門票費用，又不需排隊。（所以我就不找中文或英文導遊，跟波蘭導遊團）。

A4：喜歡吃當地餐，就觀察在地人吃什麼？在哪裡吃？也跟著吃，一定比較便宜，又可真正了解當地食物及生活。

A5：參加聯合國非營利組織 Servas，各國會有 Host 招待食住及 Day Host 白天導覽，甚至會接送至機場港口車站，不但能異國文化交流，又可節省一大筆旅費。最重要的是這組織的會員都經過面試篩選，很安全。

Q3、如何判斷陌生人是善意，還是有問題？

A：基本上我都正向看待人，把陌生人當好人，我看眼神，還有肢體動作，人數、男女、孩子，問路時找女生或情侶或夫妻來詢問，但現在歐洲出現扒手集團，可能一家人帶著孩子或幾位男女組合，要小心注意，尤其不要到人少的巷弄或晚上獨自走路，坐上擁擠的公車及捷運，一定要將背包和皮包放前背著，雙手要扶著皮包口緊握。現金、信用卡或金融卡要分散放置，不要放在同一皮包內。

Q4、出國如何開口說英語？到了非英語系國家，要如何溝通？

A1：盡量去全英文環境，沒有一個華人的城市，自然而然就必須說英語，英語會進步神速。我提到自己沒有方向感，很會迷路，是從問路開始到閒聊，餐廳點菜，在旅館請教服務生旅行景點，都是訓練開口的好方法，語言不是問題，是勇於表達的心態，現在手機或翻譯機很實用，肢體語言老外也懂。若因年紀漸長而記憶力衰退，也不要氣餒，繼續重複學習，總會有進步。

A2：在非英語國家，大部分還是以簡單的英語溝通，有時不了解，會用寫的、手機圖案或旅遊書輔助。若能去國外語言學校進修該國語文，順便旅行，一兼二顧更實務。若將前往非英語國家，如西班牙或中南美國家，在國內也可先學西班牙語，奠定基礎。

Q5、你有夢想，沒有勇氣自助旅行？

A：我鼓勵由國內開始，我在 2006 年初次自助旅行，也是規劃 2 天 1 夜的高雄之旅，至於國外旅行，可選擇曾經跟過團比較熟悉的城市，若膽子小的朋友可以結伴，建議 2 人較佳，每人都要準備，分配工作，時間可 5-7 天，慢慢增長。

Q6、50-60 歲以上熟齡族出國，年齡大了體力差，如何克服？

A：熟齡族體力當然不如年輕人，我採用的是定點住下來，熟悉一下附近街道、交通及商店超市，再規劃慢遊，不須趕行程，也不需趕時間，隨心所欲地去想去的景點或逛市場、博物館，一天旅行一至二個地點。難度高的行程或到了交通不便國家或城市，可以跟當地團如祕魯馬丘比丘、非洲馬賽馬拉獵遊，3 天 2 夜是很適合的選擇，所以年齡體力不是問題。

Q7、出國旅遊，如何安排行程？

A：先決定要去旅行的國家和天數，再訂機票及聯絡 Servas Host 或訂旅館，交通和住宿是最重要的，也是花費最多的項目，有些年輕人只訂了去程機票，且走且看且買回程機票，這樣對熟齡族比較沒有安全感，若仍不知如何處理機票及住宿，可以請旅行社代購「機＋酒」，機票和旅館訂好，就完成初步準備，或者加訂當地火車票或當地行程。

Q8、如何決定要去的國家或城市？

A：以興趣為主，是喜歡熱鬧、秘境的或交通方便的城市，還是想去沒有去過的國家，或是世界古代及新七大奇蹟、世界文化遺產等，有人喜歡同一國家或城市，百看不厭，自助旅行新手剛開始很緊張害怕，可以選擇曾跟團去過的相同國家或城市嘗試自助旅遊，建議以後還是要考慮去不同文化背景的國家，旅行會更有趣，學習更多。

Q9、害怕一個人住旅館？要如何克服？

A：找出害怕一個人住旅館的原因，是怕鬼？怕小偷？其他？對症下藥，進門檢查門窗，關妥，若有信仰，可攜帶十字架或符令，放在床頭，進門禱告或拜拜，祈求安心，可以要求旅館安排於離櫃台較近的房間，若還是有戒心，則選擇住青年旅館多人床位房間。其實人會害怕，往往是自己嚇自己。

Q10、如何上網訂便宜機票和旅館？

A：搜尋 Skyscanner、Wego、HelloWings、Expedia、易飛網比價，找到便宜機票訂購，另上網 booking、Agoda、Trivago、Airbnb 訂旅館，若不會操作，請已經有經驗的兒女朋友協助或上社區大學學習，準備自助旅行的第一步是自己要有能力訂機票及住宿。

Q11、出國前要準備那些醫療事宜？在國外生病，怎麼辦？

A：出國前要去醫院看旅遊門診，非洲、中南美洲等國家等，需要注射黃熱病藥（一劑終身免疫）、吃瘧疾藥，帶防蚊液劑（含 DEET 或 Picaridin），以上皆是自費並請醫生開立抗生素、止瀉、眼藥等，也須前往藥局自購腸胃藥、止痛藥、感冒藥及外用藥，可帶中藥及刮痧板等。在國外若有感冒、胃痛、牙痛、腹瀉或小外傷等就自行吃藥敷藥，若無法治癒嚴重者，前往當地診所醫院就診，記得拿收據，回台可以向健保局核銷醫療費用。

Q12、在國外迷路，怎麼辦？

A：出門去景點前，需要準備當地地圖及旅館或民宿名片電話地址，也要帶手機，最好設定好要去的地點，實在找不到回旅館或景點，只好問路，詢問路人，至少要問三個人，有人可能方向感不好，有人不是當地人，以我的經驗，這樣才能正確到達目的地，注意問路時，皮包要小心，預防遇到小偷扒手。

Q13、退休後想做什麼才好？該怎麼去尋找方向？

　　A：建議嘗試慢遊式的壯遊，不須強調遊歷多少國家多少城市，只要在能力體力範圍內，不須趕時間完成，壯遊時會面臨許多國家不同文化衝擊及多國語言障礙，會遭遇問題，要去解決很多困境，還有很多獨自思考的時間，會有不同思維出現，將會找到你未來的自己，第三人生的方向。

Q14、讓青春再燃起，如何規劃自己的第三人生？

　　A：現在人壽命延長，退休後可能還有二、三十年的日子，一定要先找到興趣，隨著興趣再訂目標，規劃人生。以我為例，因壯遊找到人文交流的旅行、寫作、烹飪的興趣，我希望自己第三人生是有逍遙自在的人文之旅，擔任醫療志工，做國民外交，不斷學習新事物，寫作、演講分享經驗，推廣樂齡孝親餐及正向積極觀念，做有興趣的事，有喜歡的事做，目的不是賺錢，而是做公益，服務社會，促進世界和平，有快樂幸福感。

Q15、演講時，聽眾提到若父母親已往生，如何撰寫父母親傳記？

　　A：收集父母親已留存之日記、照片及文書，訪問老人家有接觸的親友、鄰居、同學、同事及同袍，甚至國外親友、下一代，請他們提供合照或書信，有關歷史部分須上網查詢或史書求證，再書寫成書。

丹麥

北海

英國

杜塞道夫

柏林

波蘭

科隆

德國

法蘭克福

捷克

歐洲啟蒙學習之旅

西班牙

▲ 國家公園

✈ 國家首都

● 景點

再續前緣

英國

愛丁堡

湖區

約克

里茲

利物浦

曼徹斯特

史特拉福

劍橋

倫敦

巴斯

希臘

雅典

聖托里尼

蒙古

烏蘭巴

公益旅行地圖

▲ 國家公園

✈ 國家首都

● 景點

特勒吉國家公園

葛隆州

美麗垁

洛克群島
（牛奶湖、水母湖）

柯羅州

艾萊州

太平洋

帛琉

貝里琉州

利比亞

埃及
開羅
黑白沙漠　尼羅河
路克索
亞斯文

紅海

蘇丹

亞丁灣

索馬利蘭

拉利貝拉
阿迪斯阿貝巴
哈爾格薩
拉斯・吉爾

衣索比亞

索馬利亞

納庫魯湖國家公園

奈洛比

剛果

馬賽馬拉
國家公園　肯亞

非洲文化交流之旅

坦尚尼亞

莫三比克

印度洋

馬達加斯加

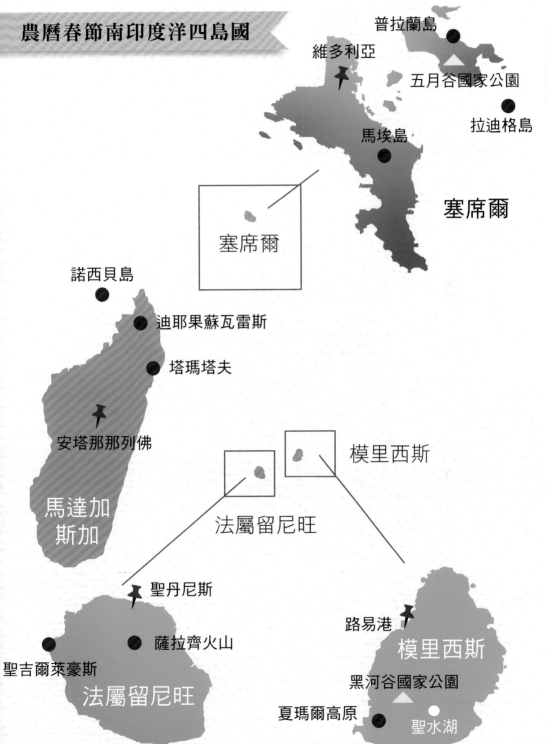

農曆春節南印度洋四島國

普拉蘭島

維多利亞

五月谷國家公園

拉迪格島

馬埃島

塞席爾

塞席爾

諾西貝島

迪耶果蘇瓦雷斯

塔瑪塔夫

安塔那那列佛

模里西斯

馬達加
斯加

法屬留尼旺

聖丹尼斯

路易港

薩拉齊火山

模里西斯

聖吉爾萊豪斯

黑河谷國家公園

法屬留尼旺

夏瑪爾高原

聖水湖

哥倫比亞

伊基多斯

祕魯

亞馬遜河

巴西

馬丘比丘

利馬

庫斯科

里約熱內盧

巴拉圭

聖保羅

阿根廷

伊瓜蘇國家公園

瓦以帕萊索

烏拉圭

聖地牙哥

科洛尼亞

復活節島

布宜諾斯艾利斯

大西洋

太平洋

南美洲破冰大冒險

NOTE

國家圖書館出版品預行編目資料

熟女壯遊 2 樂遊國際 開創第三人生 / 胡語芳著 . -- 初版 . --
臺北市 : 博客思 , 2020.12
面 ; 公分
ISBN 978-957-9267-82-3(平裝)
1. 遊記 2. 世界地理
719　　　　　　　　　　　　　　109015856

生活旅遊23

熟女壯遊2　　樂遊國際 開創第三人生

作　　者：胡語芳
總　　編：張加君
主　　編：蔡明憲
美　　編：陳勁宏
校　　對：楊容容
封面設計：陳勁宏
出 版 者：博客思出版事業網
發　　行：博客思出版事業網
地　　址：台北市中正區重慶南路1段121號8樓之14
電　　話：(02)2331-1675或(02)2331-1691
傳　　真：(02)2382-6225
E一MAIL：books5w@gmail.com或books5w@yahoo.com.tw
網路書店：http://bookstv.com.tw/
　　　　　https://www.pcstore.com.tw/yesbooks/
　　　　　https://shopee.tw/books5w
　　　　　博客來網路書店、博客思網路書店
　　　　　三民書局、金石堂書店
經　　銷：聯合發行股份有限公司
電　　話：(02) 2917-8022　　傳 真：(02) 2915-7212
劃撥戶名：蘭臺出版社　　帳號：18995335
香港代理：香港聯合零售有限公司
電　　話：(852)2150-2100　　傳真：(852)2356-0735
出版日期：2020年12月 初版
定　　價：新臺幣360元整(平裝)
ISBN：978-957-9267-82-3